Petits Contes licencieux
des Bretons

Petite Bibliothèque Celte

Déjà paru :
Petits Contes licencieux des Bretons
présentés par Philippe Camby

À paraître :
Impressions d'Irlande
par Anatole Le Braz
Le Combat des Trente
Chronique anonyme du XIVe siècle
Petit Dictionnaire licencieux du breton
présenté par Philippe Camby
Les Noces Noires de Guernaham
par Anatole Le Braz

Si vous désirez être tenu au courant de nos publications,
veuillez faire parvenir vos coordonnées à l'adresse suivante :
Terre de Brume Éditions
46 rue d'Antrain - 35700 Rennes

Petits Contes licencieux des Bretons

présentés et annotés par

Philippe Camby

Préface de Pierre Dubois

Terre de Brume Éditions
1996

*Cet ouvrage a été réalisé avec l'aimable concours
de la Bibliothèque Municipale de Rennes*

Illustration de couverture :
La Légende du Kerdeck (détail)
de Fernand Lequesne (1890)
© Musée des Beaux Arts de Quimper

ISBN 2-908021-63-3
ISSN 0992-5910
© 1996, Éditions Terre de Brume, Rennes
Dépôt légal : Mars 1996

PRÉFACE

C'est l'histoire d'une petite chenille qui sort de son trou aux premiers jours de mars. Elle est tout affamée après ces longs mois de disette hivernale et s'en va trottiner en quête de pâture nouvelle.

Elle avise bientôt un minuscule et tendre bourgeon pointant le nez à travers un reste de neige qu'un pâlot soleil de saison s'évertue à fondre. La voici s'apprêtant à rognoter l'esquisse de crocus quand un frisson vient frissoter son doux duvet d'échine, et un frémissement tellurique lui annonce l'arrivée d'une giboulée.

"Ma foi, ce serait dommage de me contenter de cette maigre efflorescence si une pluie bienfaitrice m'en fait un chou de Bruxelles", se dit la chenille car, au fait, comme il se doit, des choses de la nature, elle sait qu'il n'y a point de meilleur engrais que le bouillon de mars pour faire croître la verdure :

Mars pluvieux,
Rend le paysan heureux.

Et une fois la bonne giboulée passée sur le travail des humus, le bourgeon aura triplé de volume... aussi, sagement, elle s'assied et attend.

Mais, au-dessus d'elle, un pauvre pouillot véloce tirant de l'aile, claquant du bec, soudain la repère. Quelle aubaine cette chenille précoce pour un passereau efflanqué qui, de tout l'hiver, a dû se contenter de rares miettes ! Déjà, il lance l'hallali, le jabot en émoi, mais une saute de vent humide et tiède lui retient l'appétit.

"Ma foi, ce serait dommage de me contenter d'un anémié limaçon si une pluie féconde m'en fait une saucisse."

Car, au fait aussi des choses de la nature, il subodore qu'une fois l'ondée fertile passée, le bourgeon aura forcément "profité" et après l'avoir mangé, la chenille s'en trouvera engraissée et farcie d'un hachis de légumes on ne peut plus goûté... Alors, sagement, sur une ramille repose pour attendre.

Et voilà qu'au-dessus, tout au-dessus de lui, un faucon qui dans les cieux faisait le Saint-Esprit, aperçoit le pouillot et s'apprête à piquer. Cela fait si longtemps qu'il n'a rien avalé en ces temps de frimas où le gibier est tant frileux ! Et sur sa proie il va fondre quand son œil de faucon, au fond de l'horizon, remarque les nuées.

"Ma foi, se dit-il, ce serait dommage de me contenter d'un chétif oisillon si la pluie généreuse m'en fait un chapon."

Car, fort de son expérience des choses de la nature, il devine qu'une fois la prometteuse ondée passée, le sol fortifié épanouira le bourgeon et que, du même coup, la taille de la chenille rassasiée gagnera de dodues poignées d'amour. Le pouillot, alors, gobera la chenille, et lui se régalera d'une volaille au mieux de ses formes… Alors, sagement dans le taillis, s'installe et attend.

Mais, non loin de là, silencieuse, tapie à l'ombre des branches, la chatte de la ferme voisine a guetté le manège. Tant de vieux matous lui ont vanté la sauvage saveur des rapaces. Jamais, elle ne connaîtra de plus belle occasion ! Doucement, elle se coule, lentement elle affûte sa griffe ; elle est prête à bondir, mais une odeur de campagne mouillée lui envahit la truffe et chahute ses moustaches : les premières gouttes d'une joyeuse giboulée picotent l'alentour.

"Ma foi, ce serait dommage de me contenter d'une carcasse boucanée si la pluie prodigue m'en fait un dindon."

Car, instruite des enseignements rustiques, elle imagine d'avance l'harmonieux enchaînement des choses de la nature : après l'arrosage du terreau en effervescence, le flux végétal va pousser sa luxuriance, enverdir le talus et transformer le menu bourgeon en salade ; la chenille repue va prendre du rondon, empâter le plastron du pouillot… et la chatte se pourlèche déjà en soupesant la boudouille rebondie du faucon… Alors, comme les autres, elle attend sagement son tour en ronronnant de plaisir.

Et le nuage crève et déverse ces flots d'eau printanière toute gorgée des élixirs des cieux. L'averse chante et crépite, pénètre la glèbe, alchimise la racine qui distille sa sève, darde sa tige, s'enfeuille et se corolle…

Puis, de loin en loin, s'éloigne vers d'autres prés, d'autres bois, d'autres collines emmenant les échos de ses clavecins. Et tandis que le ciel purifié allume ses arcs-en-ciel, la petite chenille, sans plus attendre, se rue au bourgeon et le grignote. Le pouillot s'abat sur elle et l'avale, le faucon saute sur lui et n'en fait qu'une bouchée et la chatte bondit.

Las ! La branche sur laquelle elle s'appuie est dangereusement glissante ! Et voilà que la chatte perd l'équilibre, tombe, et plonge tout en bas dans la mare. Elle se débat dans l'eau !…

Moralité : Plus les préliminaires sont longs, plus la chatte est mouillée…

Ainsi cette blague à double sens et chute en pirouette, entendue ce matin dans un bar de Bretagne, remonte à rebrousse-poils de minou, d'agasse, de morgnotte, de moule et maisons de Nicole jusqu'au joli con de nos vieux fabliaux que nous présente et introduit aujourd'hui ce primesautier de Philippe Camby. On lui devait déjà un indispensable ouvrage, *Proverbes et dictons des Bretons* (1), coloré aux teintes fortes et saines de la "Belle Souvenance". Cette fois encore, il joue à saute-mouton par-dessus les clichés d'une imagerie un peu crispée à force

(1) *Proverbes et dictons des Bretons*, Edts. du Félin.

d'évoquer les bannières des Pardons, les druides extatiques, les suaires d'Ankou, les cuirasses arthuriennes hantant des brumes si poussiéreuses que s'y asphyxient les Banshees. — Il est vrai que la légende est si belle qu'on ne se lasse jamais de la conter. Mais Camby sait qu'à force d'en répéter et reproduire inlassablement le contenant, on finit par en scléroser le contenu. L'imaginaire est une réalité.

Nos anciens étaient pieux — voire mystiques, ce qui est bien mieux. Ils croyaient comme de juste aux korrigans, aux fées, aux prévisions rimées des saisons, préféraient la sagesse de Merlin aux potions des médecins, respectaient les défunts avec qui ils entretenaient des rapports de bon voisinage, car les deux mondes n'en font qu'un. Ils savaient qu'audelà des flots, voguent les Îles Bienheureuses.

Les contes leur disaient de ne pas jeter d'immondices dans l'eau claire des fontaines, que les Dames qui y nageaient sinon s'en fâcheraient et les empoisonneraient. De toujours laisser un petit coin de champ en friche à l'usage des Fées et qu'à trop détruire les haies, les arbres et les forêts, les divinités sylvestres finiraient par se venger...

Que le si dépourvu Petit Poucet, malgré les Ogres, les loups et les méchants seigneurs, parviendrait à "vivre heureux et avoir beaucoup d'enfants" pour peu qu'il écoute les bêtes parler et franchisse les épreuves avec l'innocence au cœur.

Mais le héros devait aussi faire rire la fille du Roi dont une arête avait coincé le gosier et en même temps le reste ! On ethnologise mais on ne participe pas. On écoute, on note, on enregistre, mais on s'éclipse avant de prendre le verre de l'amitié.

Camby prend d'abord le verre et partage l'ivresse. C'est ainsi qu'on voit mieux, au-dedans du regard.

À travers les tables des matières des recueils de "Contes Populaires", on trouve les Contes de fées, les Contes mythologiques, les Contes fantastiques, les Contes d'animaux, les Contes chrétiens, les Contes facétieux, les Contes fabuleux… mais jamais les Contes licencieux. À croire qu'ils n'existent pas ! Pourtant tous ces contes étaient mêlés à la même gerbe du légendaire initiatique et tournaient sur un même écheveau au rouet de la fileuse. À la veillée, le poucet tirait leçon d'une botte de sept lieues alors que sa sœur aînée y apprenait que le pucelage se perd même en serrant les fesses, et fort aimablement que le lapereau n'entre au clapier que si on l'apprivoise, qu'on le manie, qu'on le caresse, qu'on le tienne au milieu de l'échine pour qu'il redresse le cou.

Camby nous invite à la noce des souris
Et Ra et Ri
Le Conte commence ici…

PIERRE DUBOIS

INTRODUCTION

Aux amis des bons
et des mauvais jours...

donc, à Christophe,
qui est plus qu'un
ami et plus juste
qu'un frère.

Christophe

12.03.96

Trubert, larron déguisé en fille, s'est insinué dans le lit de Rosette, grâce à son travestissement. Il est allongé avec elle. Rosette le tient entre ses bras.

"Il n'y peut rien, le brave larron, *si son vit se tend. Rosette le sent sur sa cuisse.*

— Qu'est ceci, dites-moi ?

— Volontiers le dirait, par ma foi ! C'est un lapereau. Il est petit mais très beau.

— Qu'en faites-vous ?

— Parfois le met à coucher dans mon con. Il me procure du plaisir et me fait grand bien.

— Et voudrait-il entrer dans le mien ?

— Oui, s'il vous connaissait, il y entrerait très volontiers, mais il faut l'apprivoiser.

Sans y entendre malice, Rosette le prend entre ses mains et le caresse. Doucement le tient et le manie et le vit en sa main dresse son cou…

— Certes, vous l'avez fort bien apprivoisé, dit Rosette. Déjà il me reconnaît et ne me mord ni ne me griffe.

Elle le tient au milieu de l'échine : il lève la tête et elle en rit ; elle l'a mis à l'entrée du con, l'y pointant le plus droit qu'elle peut. Trubert ne fait pas le gracieux : tout entier, il l'enfonce dedans.

– Jamais il n'y eut tel animal, dit Rosette. Que Dieu me garde, Dieu vous le protège et vous le garde ! Si j'en avais un pareil, pour rien au monde je ne le donnerais…"

La quintessence des fabliaux tient toute entière dans ce passage du "Trubert" de Douin de Lavesne. La jeune fille incroyablement naïve, le rusé compère, l'intention délibérée de rire et de faire rire à propos de tout, et de tourner en dérision les "valeurs" d'oppression.

Peu d'atmosphère plus contraire à l'image qu'un certain romantisme et une désinformation puritaine persistante ont donné du caractère des Bretons "superstitieux, mystiques à l'excès, mélancoliques jusqu'au désespoir, hantés par le souvenir des morts et la peur des esprits de l'autre monde…"

Très sérieux, jamais drôles.

Cette légende faisait bien peu de cas du succès qu'obtenaient aux veillées les contes comiques, farces et fabliaux. Ceux des textes qui nous étaient connus n'économisaient pas les irrévérences à l'égard des institutions consacrées (les clercs et les recteurs, bien sûr), et leurs portraits d'idiots de village finalement retors et matois s'inscrivaient parfaitement dans la tradition des plus vieux contes à rire des jongleurs. Il y manquait pourtant, d'après ce que l'on en avait publié, ces joyeusetés des "*viz et des cons*" qui donnaient leur saveur aux fables des conteurs du nord. La carence de cet élément semblait si persistante qu'un universitaire éminent en avait scientifiquement et définitivement conclu : "À l'ouest du Couesnon, on ne baise pas."

Elle devait exister pourtant, cette version intégrale des contes, non expurgée de la vie. Mais nous étions nés trop tard pour la recueillir. À moins d'un miracle. Et le miracle advint. *Si avint il* que l'Archange des antiquaires conduisit notre doigt sur une fiche curieuse du catalogue thématique de la Municipale de Rennes (1).

Kryptadia, recueil de documents pour servir à l'étude des traditions populaires (Heilbron, Henninger Frères, Éditeurs) 1884, in-16. Il s'agissait du deuxième volume d'une collection rare rassemblant en douze tomes des contes érotiques et scatologiques recueillis au XIXᵉ siècle. Une encyclopédie de "cochoncetés" dont certaines parties du tome deux concernaient la Bretagne. Quelques-uns de nos fabliaux avaient été sauvés ! Restait à identifier l'heureux collectionneur qui les avait recueillis.

Sauvé ? Luzel ? Orain ? Sébillot ?

Sauvé avait travaillé les traditions bretonnes en breton. Nos contes, recueillis en Haute-Bretagne, ne portaient pas sa "patte".

(1) La "Nationale" des Bretons…

François-Marie Luzel ? Pourquoi pas ? Il me semblait avoir lu sous sa plume une allusion à des textes de ce style qu'il aurait refusé de conserver. Mais il n'aurait pas été le premier — ni le dernier... — auteur à publier anonymement des textes que sa maman n'eût pas approuvé, tout en les signalant comme n'étant pas de sa main. Et il y a quelque chose de son style dans cette scrupuleuse fidélité, que l'on ressent presque à chaque ligne, à l'oralité (2) du conte originel. Mais aux dates où les contes sont cueillis, François-Marie Luzel moissonne en Basse-Bretagne (3).

Adolphe Orain ? Il fut un collecteur scrupuleux aussi. Quelques expressions et tournures du recueil sont propres à son terrain de prédilection : l'Ille-et-Vilaine. Mais ce n'est pas lui non plus. Certains termes du patois le plus pur, utilisés dans ces contes recueillis principalement de 1879 à 1881 et publiés en 1884, ne figurent pas dans son *Glossaire du Patois du département d'Ille-et-Vilaine* édité en 1886. Il n'en n'avait pas eu connaissance.

Paul Sébillot fait une figure d'"auteur" plus vraisemblable.

L'immense folkloriste a travaillé en Haute-Bretagne. Les deux tiers des petits contes licencieux de ce

(2) Les psychologues vont s'amuser...

(3) François-Marie Luzel, *Journal de route et lettres de Mission*, texte établi et présenté par Françoise Morvan, Presses Universitaires de Rennes/Terre de Brume, Rennes, 1994.

recueil — 21 sur 32 précisément — ont été collectés sur trois ans, on l'a dit, mais le plus ancien est daté de 1869.

Que fait M. Sébillot en 1869 ? Il bat la campagne en quête de paysages et de lumières qui l'inspireront. Après ses études de droit à Rennes, il a appris la peinture à Paris et fréquenté les caricaturistes Gill et Léonce Petit, les peintres Eugène Vermesch, Henri Harpignies, et le maître Courbet.

En 1870, le Salon de Paris expose ses *Rochers à marée basse*. Une *Vue de Saint-Cast* est retenue par l'exposition universelle de Philadelphie (1873). *Arbres d'hiver à Ercé*, et *L'Arcouët près de Bréhat* sont aux Salons de 1878 et 1879. À Saint-Cast, Ercé, Bréhat, où nous savons qu'il pose son chevalet, il tend aussi l'oreille et noircit ses carnets. Dès 1875 alors qu'il est déjà un peintre estimé, il devient un auteur à succès. La "Librairie du suffrage universel" vend soixante mille exemplaires de son ouvrage : *La République, c'est la tranquillité*. En 1880, paraissent les *Contes populaires de Haute-Bretagne* ; les *Contes des paysans et des pêcheurs*, en 1881. Beaucoup d'autres ouvrages suivront jusqu'aux *Joyeuses histoires de Bretagne*, en 1910 (4). Ces "histoires" contiennent deux douzaines de fabliaux "honnêtes" et une coïncidence statistique intéressante veut que les deux tiers de ces textes — trente quatre exactement sur les cinquante quatre

(4) Réédité sous le titre *Contes comiques des Bretons,* Paris, Éditions Philippe Camby, 1982.

datés — aient été collectés dans les années 1879, 1880 et 1881. Indice insuffisant pour lui attribuer la "paternité" des *Petits contes licencieux*? Certainement non, si l'auteur n'avouait, dans cet ouvrage précisément, de son plein gré, à deux reprises, avoir recueilli des textes beaucoup plus intéressants pour le sujet qui nous préoccupe que ceux qui paraissaient alors.

Dans l'introduction générale :
"Je n'ai pas admis dans ce recueil les contes où se trouvent des gauloiseries un peu fortes, tout en regrettant presque de ne pouvoir [...] publier certains récits qui, par l'énormité de la plaisanterie et parfois par leur comique, peuvent être mis en parallèle avec les nouvelles les plus drôlatiques de nos anciens conteurs."

Dans l'introduction de la section de ces *Contes comiques* qu'il a lui-même intitulée : Les Fabliaux, l'aveu est plus précis encore. Paul Sébillot y confesse avoir choisi de publier ces contes "parmi d'autres, quatre ou cinq fois plus nombreux", qu'il a recueillis "sans les chercher spécialement, au cours de (ses) explorations dans les Côtes-du-Nord et dans l'Ille-et-Vilaine." Et "il n'a pas admis" une fois encore, de publier "les contes érotiques, simplement graveleux ou scatologiques, qui ne sont pas ceux qui plaisent le moins à l'auditoire…"

"Et pourtant", regrette et convient le grand homme, "beaucoup de récits comiques de Haute-Bretagne sont bien conçus dans l'esprit qui rappelle celui des fabliaux du Moyen Âge…"

Il ne les admet pas sous son nom. Le nom est trop illustre. En 1875, l'ardent républicain a donné ce même nom à la sœur de M. Yves Guyot, qui deviendra, en 1889, le ministre des Travaux publics du Cabinet Tirard (1889-1892), et qui fera de Paul Sébillot son chef de cabinet et le Directeur du personnel du ministère.

Quelle pantalonnade ! Quelle calinotade ! Si les fonctionnaires qu'il recrute apprenaient que leur Directeur apprécie et propage de ces gauloiseries...

Mais — nous entrons ici dans le domaine des conjectures —, mais s'il s'agit de ne laisser paraître qu'un échantillon de ces histoires (qui constituent parfois "des variantes de sujets mis en vers par les anciens poètes (5)"), à moins de deux cent exemplaires, en souscription, sous le manteau, chez un éditeur qui garantit l'anonymat de ses auteurs, pourquoi le refuser ?

À qui d'autre, d'ailleurs, à cette époque, l'éditeur astucieux qui veut réaliser une vaste encyclopédie du folklore coquin sous toutes les latitudes et dans toutes les provinces, peut-il s'adresser pour participer à cette collection ? Au plus illustre : Paul Sébillot. Chercherait-il à le contourner en s'adressant à la société de Folk-Lore (6) normanno-bretonne "La Pomme", il y retrouverait Sébillot qui a fondé cette amicale en 1877.

---

(5) Qui furent la véritable source de Boccace, Lope de Vega, Rabelais, Molière et La Fontaine.

(6) C'est ainsi qu'on écrit le mot à l'époque.

L'ensemble de ces considérations nous permet de risquer le nom de Paul Sébillot comme celui d'un auteur plausible de cette collection de fabliaux. Nous restons bien conscient cependant qu'un faisceau de présomptions ne constituent pas une preuve. Et nous espérons qu'un spécialiste ou un inventeur chanceux mettra un jour la main sur la pièce, correspondance ou brouillon miraculeusement préservé, qui permettra une attribution formelle à un auteur précis de ces petits trésors.

Quelle chance pour nous, dans tous les cas, et quelqu'en soit le médium, qu'un éditeur avisé se soit préoccupé de sauver ces textes populaires en les publiant.

Et quel régal de retrouver aujourd'hui les aventures et mésaventures de ces trompeurs-trompés, de ces recteurs fautifs ou benêts, de ces paysans aux héritières tout simplement naïves ou franchement idiotes, aux femmes plus rusées que le diable ; de ces bourgeois et ces chercheurs de pains ; de ce seigneur arrogant, de l'orfèvre cocu, du perruquier et du boulanger malintentionnés, de l'apothicaire malhonnête, ou encore de la soularde et de son domestique !

Ne sont-ils pas vivants ?

Ne sont-ils pas humains les personnages de ces "contes à rire", tissus de parodies et de mensonges, d'exagérations et d'absurdités, d'érotisme onirique et de mauvaises farces, de ruses abjectes et d'excrétions tempétueuses ?

Ne témoignent-ils pas de l'humaine humanité, ces petits contes licencieux, quand ils célèbrent, et jusque dans leurs procédés les plus carnavalesques, la simplicité, "l'indécente" simplicité de la vie et glorifient ses appétits ?

Sans doute s'agit-il d'un monde à jamais disparu. Un univers dans lequel "pissier et faire des degras" ne coûtait pas un sou de sanisette et où "drugerie", "lecherie" et "cortoisie" n'avaient pas encore endossé l'appellation si bien contrôlée de harcèlement sexuel.

C'était ailleurs et autrefois.
Le jongleur Jehan Bodel s'en plaignait déjà.
"Avint il..." : Il était une fois...

PHILIPPE CAMBY

La Frênolle

Il était une fois un petit garçon qui voulait apprendre l'état de forgeron. Il quitta son village et alla se louer comme apprenti chez un maréchal-ferrant. Son patron avait beaucoup d'ouvrage, et tous ses lits étaient pris par ses ouvriers. Le soir venu, il fut bien embarrassé pour savoir où il coucherait son apprenti. Il réfléchit longtemps, mais à la fin il se dit :

"Il y a plusieurs personnes dans chacun des lits ; il n'y a que ma fille qui soit seule dans le sien. Je vais mettre le garçon à coucher avec elle : ses parents étaient de braves gens et je l'ai connu tout petit ; il n'y a aucun danger."

Quand ils furent tous deux couchés ensemble, le garçon se mit à caresser la fille qui approchait de ses dix-huit ans, et comme elle ne le repoussait point, il ne tarda pas à lui montrer comment on fait l'amour. La fille trouvait la chose fort à son gré, et Pierre — c'était le nom de l'apprenti — lui donna plusieurs leçons de ce joli jeu. Elle ne se lassait point, et aurait bien voulu que cela durât toute la nuit ; mais Pierre qui était fatigué voulut dormir. Comme il commençait à s'assoupir, elle le pinça et s'approcha de lui ; mais il ne répondait point à ses agaceries.

— Pierre, lui dit-elle, tu ne joues plus de ton instrument ?

— Non, répondit-il, il est usé.

— Ah ! dit la fille, c'est bien dommage ; pourquoi n'est-il pas plus solide ? Cela coûterait-il bien cher pour en avoir un autre ?

— Oui, répondit Pierre, au moins trois ou quatre cents francs (1).

— Je ne les ai pas à moi ; mais je sais où mon père met son argent, et demain je te donnerai avec quoi en avoir un neuf. Comment cela s'appelle-t-il ?

— C'est une frênolle (2).

Le matin, la fille prit l'argent de son père et le donna à l'apprenti qui alla jusqu'au bourg et fit mine

---

(1) Dans le fabliau "Le Sohait des Vez" (Le rêve des Vits) de Jehan Bodel (1165-1209), l'héroïne se rend en rêve à un marché où l'on ne vend que couilles et vits. "Pleines en étaient les maisons, les chambres et les greniers. Et tous les jours, de tous côtés, et en charrettes et en chars, arrivaient des porteurs chargés de vits de toutes parts. Quoiqu'il en vint beaucoup, ils n'étaient pas pour rien car chacun vendait bien le sien. Pour trente sous l'on en avait un bon et pour vingt sous un correct. Il y avait même des vits à emporter pour pauvres gens : à dix sous, neuf et huit. On vendait au détail et en gros : les meilleurs étaient les plus gros, les plus chers et les mieux gardés. Il fallait compter entre cinquante sous et deux marcs pour en obtenir un très beau "gros par derrière et gros partout." (*Le Sohait des Vez*, vv. 84 à 99).

(2) Le *fraisnon*, dont notre frênolle pourrait bien être un diminutif, était le nom de la lance courtoise, en raison du bois de frêne qui la composait. Dans les fabliaux anciens, le pieu, l'épieu et la lance sont des métaphores fréquentes de l'outil (*ostil*), du boutoir ou bon bâton (*bourdon*).

d'acheter un nouvel instrument. La nuit venue, il en joua encore, à la grande satisfaction de la fille. Le lendemain l'apprenti reçut une lettre où on lui disait que sa mère était malade, et qu'elle désirait le voir. Il se mit aussitôt en route ; peu après la fille rentra, et comme elle ne le voyait pas :

– Où est Pierre ? demanda-t-elle.

– Il est parti, et il ne reviendra plus.

Elle se mit à courir après lui, et du plus loin qu'elle l'aperçut, elle lui cria :

– Pierre, Pierre, laisse-moi au moins la frênolle !

Pierre, qui était dans un champ, arracha un gros navet (3), et le jeta dans une mare aux pieds de la fille, en lui disant :

– Tiens, la voilà.

Et pendant que la fille cherchait, il continua sa route.

Elle regardait de tous ses yeux, mais elle ne voyait point l'instrument de Pierre. Elle s'assit sur le bord de la mare et se mit à pleurer à chaudes larmes. Le curé qui passait par là, lui demanda pourquoi elle avait tant de chagrin :

– Ah ! monsieur le Recteur, répondit-elle, la frênolle est tombée dans la mare, et je ne peux la retrouver. C'est bien dommage, car c'est un instrument précieux : il coûte trois ou quatre cents francs.

(3) Les dimensions de "l'outil bien affûté" de l'apprenti du forgeron de Creil (Du Fèvre de Creil) sont davantage précisées, car "Nature qui l'avait formé y avait mis tout son soin" : "Plein poing de gros et deux de lonc…"

– Cherchons tous les deux, dit le Recteur, je vais t'aider.

Il se troussa et tous deux se mirent à chercher dans la mare qui était assez profonde. À un moment elle se retourna, et, voyant le recteur troussé jusque par dessus les hanches, elle s'écria :

– Ah ! monsieur le Recteur, ce n'est pas la peine de chercher plus longtemps, c'est vous qui avez la frênolle entre les jambes.

Recueilli en Haute-Bretagne, en 1880.

La fille bien gardée

Il y avait une fois une fille que sa mère surveillait avec le plus grand soin, de peur que quelque garçon ne vînt à la mettre à mal, et elle l'avait élevée dans l'innocence de tout. Quand elle lui demandait à aller aux assemblées comme les autres filles de son âge, elle lui répondait :

– Non, ma fille, tu n'iras pas, car on est trop exposé à perdre son pucelage.

Un jour pourtant, Pierre, son amoureux, qui était un bon garçon bien tranquille, vint la chercher pour la conduire à une assemblée, et ils supplièrent tous les deux la bonne femme de les laisser y aller. Celle-ci finit par y consentir, pensant en elle-même que Pierre était trop honnête pour mettre sa fille à mal, et elle lui recommanda de bien veiller sur elle. Les voilà qui se mettent en route, et tout en cheminant la fille disait :

– Ma mère m'a bien recommandé de prendre garde à mon pucelage : il paraît qu'aux assemblées on est exposé à le perdre. Comment faire pour le conserver ?

– Est-ce que ta mère ne t'a pas enseigné un moyen ?

– Si, répondit-elle, elle m'a recommandé de bien serrer les cuisses.

En devisant de la sorte, ils entrèrent dans un bois, et au milieu il y avait plusieurs ruisseaux qu'on franchissait sur des planches. Au moment où la fille était sur la planche, Pierre qui marchait derrière elle, jeta une pierre dans l'eau juste au-dessous d'elle.

– Ah ! s'écria-t-elle, que dira ma mère ! Voilà mon pucelage tombé dans l'eau et perdu.

– Ne crains rien, répondit le gars ; heureusement que je suis là, je vais te le remettre. Viens avec moi sous le bois, et ne dis rien si cela te fait un peu mal ; car c'est pour ton bien.

Pierre le lui remit en effet, et à quelques instants de là ils arrivèrent à la deuxième planche. Au moment où la fille était dessus, deux ou trois grenouilles qui sommeillaient sur le bord furent effrayées et s'élancèrent dans l'eau, qui rejaillit encore au-dessous de la fille.

– Ah ! Pierre, s'écria-t-elle, le voilà reperdu ; il paraît qu'il n'était pas solide ; c'est bien mal à toi de ne pas me l'avoir rattaché plus solidement.

– Ne dis rien, répondit Pierre, je vais encore te le remettre.

Après que le pucelage eut été remis pour la seconde fois, ils arrivèrent à l'assemblée où ils se divertirent comme les autres.

Au retour, comme la jeune fille passait sur la planche, Pierre jeta à l'eau une pomme qu'il avait dans sa poche.

– Que dira ma mère ? s'écria-t-elle, voilà la troisième fois que je le perds aujourd'hui !

– Ne crains riens, je vais te le recoudre.

Quand le pucelage eut été recousu, la fille qui prenait goût à cette couture dit à Pierre :

– Il n'est pas cousu assez solidement.

– Mais si.

– Non.

– C'est que je n'ai plus de fil.

– Ah ! s'écria-t-elle, le vilain menteur : il dit qu'il n'en a plus et il lui en reste encore deux gros pelotons ! (1)

Recueilli en Haute-Bretagne, en 1880.

(1) Ancien français : *luisiaus*. Employé avec ce sens dès le XIIᵉ siècle dans : "La damoiselle qui ne pooit oïr (ne pouvait entendre) parler de foutre." L'héroïne y tâte "les choses" de David, "tant qu'el l'a par lo vit saisi". Elle lui demande : "Qu'est-ce que c'est, David, si roide et si dur qu'il pourrait bien percer un mur ?" "Dame, répond David, c'est mon poulain." Poursuivant ses explorations, elle trouve la "coille velue, tâte les couillons et les remue". "David, qu'est-ce que c'est donc, dans ce sachet, sont-ce deux luisiaux ?" "Dame, ce sont deux palefreniers (dui mareschal) qui doivent garder mon cheval quand il paît dans d'autres pâtures."

Parmi les innombrables synonymes anciens : *pendans, oes* (œufs), *grenottes* (oignons de fleurs).

La chercheuse d'esprit

Il était autrefois un recteur qui avait pour servante une nièce assez jeune encore, mais qui était bien une des créatures les plus sottes et les plus simples que l'on pût rencontrer. Un jour qu'elle venait de faire une bêtise plus grosse que les autres, son maître lui dit :

– Vous devriez bien acheter de l'esprit, ma pauvre fille.

– Je n'y manquerai pas, monsieur le recteur, si l'occasion s'en présente.

Peu après le recteur fit tuer son cochon, et quand on l'eut dépecé en quatre morceaux, il dit à sa servante que l'un des quartiers serait pour Janvier, l'autre pour Février, le troisième pour Mars et le quatrième pour Avril, comptant que son lard lui durerait quatre mois. Le recteur devait être absent pendant trois semaines, et le boucher qui avait tué le cochon, voyant la merveilleuse simplicité d'esprit de la servante, conçut le projet de s'emparer du lard pendant qu'elle serait seule au logis. Il fit part de son projet à trois de ses compères, qui résolurent de tenter l'aventure dès que le prêtre serait parti. Le lendemain matin, le boucher, déguisé en chercheur de pain, se présenta à la porte du presbytère.

– Bonjour, dit-il, donnez-moi la charité pour l'amour de Dieu.

– Vous n'êtes pas d'ici, comment vous appelez-vous ?

– Janvier, répondit-il.

– Ah ! j'ai justement un morceau de lard que monsieur le recteur a mis de côté pour Janvier, et je vais vous le remettre puisque c'est vous qui vous nommez ainsi.

Le jour suivant un autre compère entra au presbytère, et dit qu'il s'appelait Février, et la servante lui donna le second morceau de lard. Un troisième se présenta le lendemain sous le nom de Mars, et la nièce lui remit encore un morceau de lard, quoique, observa-t-elle, elle n'eût jamais cru que les mois fussent venus ainsi en personne (1).

Le quatrième jour un autre compère vient encore à la porte, et comme elle lui demandait son nom :

– Je m'appelle Avril, marchand d'esprit.

– Tenez, dit la bonne personne, voici encore un morceau de lard qui est pour vous ; mais puisque vous êtes marchand d'esprit, voulez-vous m'en vendre pour

(1) La personnification des mois est assez fréquente dans les contes populaires. En Bretagne, elle sert à expliquer pourquoi Février n'a que vingt-huit jours. Janvier et Mars lui volèrent, au temps jadis, deux jours, tandis qu'il courait les filles…

quinze francs ? Monsieur le recteur m'a bien recommandé d'en acheter quand l'occasion s'en présenterait.

– Je veux bien dit le compère ; mais il faut pour cela une opération, et je ne puis la faire que la nuit. Je coucherai avec vous, et quand je vous aurai débouchée avec mon instrument, vous aurez de l'esprit. Cela vous fera un peu mal au commencement ; mais on n'en meurt pas pour tout autant.

– Qu'à cela ne tienne, répondit la servante : je suis prête à tout endurer pour n'être plus si sotte. Mais il ne faudra pas me prendre trop cher ; car je n'ai pour tout bien que quinze francs.

– Donnez-les, dit le compère, je vous fournirai de l'esprit pour votre argent, bonne mesure.

Ils soupèrent tous les deux ensemble, puis ils se mirent au lit. Le compère se coucha sur Jeanne et lui plaça son instrument entre les cuisses.

– Ah ! dit-elle, qu'est-ce que c'est que ce bout se saucisse que tu as là ? J'en ai senti de plus chauds ; mais jamais d'aussi durs. Ah ! le crasseux, il veux le fourrer dans le trou par où je pisse !

– Ne dis rien, Jeanne, ce n'est pas un bout de saucisse, mais l'instrument pour donner de l'esprit aux filles. Écarte les cuisses, et si ça te fait un petit peu de mal, n'y fait pas attention.

La fille se prêta de son mieux ; et pendant toute la nuit, le compère lui donna de l'esprit, en veux-tu en voilà, et au matin, il lui assura qu'elle en avait autant qu'on pouvait s'en procurer, pour quinze francs.

Quelques jours après, le recteur revint ; et quand il demanda où était son lard, là servante lui répondit :

– J'ai fait comme vous me l'aviez dit ; j'en ai donné un morceau à Janvier, un autre à Février, un autre à Mars, et un autre à Avril, comme vous me l'aviez ordonné. Ils sont venus chercher chacun leur part dès que vous avez été parti.

– Ah ! mon Dieu, ma pauvre fille, que tu es pauvre d'esprit ! s'exclama le recteur.

– Oh ! que nenni, monsieur le recteur, j'en ai acheté pour quinze francs l'autre jour.

Le recteur se mit à rire en l'entendant ; mais à quelque temps de là, il vit que le ventre de sa servante grossissait à vue d'œil :

– Qu'est-ce que cela ? lui demanda-t-il ; pourquoi as-tu le ventre aussi gros ?

– Ma foi, répondit-elle, depuis que j'ai acheté de l'esprit, toute la nourriture que je prends me profite, et j'engraisse.

Recueilli en Haute-Bretagne, en 1879.

Jeanne et le couturier

Il y avait une fois un couturier, ou si vous aimez mieux un tailleur, qui était à coudre dans une ferme, et il préparait les habits de noces de la jeune fille qui devait se marier le lendemain. Quand le soir fut arrivé, le couturier n'avait pas encore terminé sa besogne. Comment faire ? Il avait envie de s'en aller, et de revenir le lendemain de bonne heure. Il le dit à la fille, qui se nommait Jeanne ; mais celle-ci qui pensait que cela ne faisait pas grand-chose de garder son pucelage un jour de plus ou de moins, lui dit de rester à coucher avec elle. Jeanne qui couchait dans la buanderie au-dessus de l'étable des vaches alla préparer le lit, puis elle vint chercher tout doucement le couturier et lui montra le lit :

– Couche-toi le premier, dit-elle, je vais me coucher après.

Mais en entrant dans le lit, le couturier fit tout écrouler sous lui et il tomba dans l'étable aux vaches. Il fit peur à celles-ci qui se mirent à braire. La bonne femme les entendit, et elle courut à l'étable, car il y avait une de ses bêtes qui était sur le point de vêler.

C'était justement auprès d'elle que le couturier était tombé. Elle se mit à chercher à tâtons, et ayant touché le couturier, elle cria :

– Jeanne, Jeanne, lève-toi, la Noire a vêlé.

En tâtant, elle rencontra le membre du couturier, et elle s'écria :

– Jeanne, c'est un petit Toré (1).

Recueilli en 1882.

(1) Un petit taureau. L'expression "toré" est propre au pays de Fougères, où on l'utilise toujours. Dans le gallo du pays de Redon, on disait un *torin*, et à Rennes, un *tourin*.

Les pucelages

Il était une fois des fermiers riches qui n'avaient qu'une fille. Elle était jolie comme tout ; aussi, bien qu'elle ne fût pas des plus fines, la maison ne désemplissait pas de galants.

Un jour qu'elle devisait avec un garçon de ferme qui lui faisait la cour, elle lui dit :

– Mon pauvre Jean, celui qui se mariera avec moi aura de la chance : je suis tout à fait riche ; car maman m'a dit que j'avais trois pucelages, le sien, celui de papa et le mien.

– Ma foi, dit le gars, si tu avais encore le mien, tu serais bien plus riche : si tu veux, je vais te le donner.

La fille y consentit, puis elle retourna chez sa mère, toute joyeuse :

– Maman, lui dit-elle, vous m'aviez toujours dit que j'avais trois pucelages ; maintenant je suis bien plus riche ; car j'en ai quatre : le gars Jean vint de me donner le sien.

– Que tu es sotte, ma fille ; ce garçon-là s'est moqué de toi, répondit la mère.

Elle retourna trouver son galant et lui dit :

– Jean, ce n'est pas bien de ta part de me tromper, car ma mère m'a dit que tu t'étais moqué de moi.

– Ma foi, dit le garçon, si tu veux je vais t'enlever le pucelage que je t'ai donné, il ne t'en restera plus que trois et tu seras comme auparavant.

La fille répondit qu'elle ne demandait pas mieux et quand Jean lui eut repris ce qu'il lui avait donné, elle retourna le raconter à sa mère. La bonne femme leva les bras au ciel et s'écria :

– Ciel adorable ! Voilà une fille qui est si sotte qu'on lui ferait croire que les nues sont des peaux de veau. Il n'est que temps de la marier, ou elle nous fera arriver de la honte.

La nuit de noces de Jean le Diot

— Ma mère, dit Jean le Diot, je voudrais me marier.

— Te marier ! toi, pauvre innocent : que ferais-tu d'une femme ? Et qui voudrait de toi ? Pour se marier, il fait avoir le culterrous (1), et tu n'as rien. Et puis, il faut aller faire la cour aux filles et tu es trop diot (2) pour savoir comment t'y prendre.

— Comment fait-on quand on va voir les filles ?

— On va chez elles quand il y a veillée, on leur fait toutes sortes de farces, on les pince, on leur tire sur leur mouchoir quand elles se mouchent, on leur hale leurs cotillons et on rit.

"Bien", se dit Jean.

Et il s'en va.

En passant dans un chemin creux rempli de boue, il s'y assit, et quand il se crut devenu suffisamment culterrous, il alla à une ferme où il y avait veillée. Les gars et les filles, en voyant entrer Jean le Diot tout boueux, se reculaient pour lui faire place et ne pas être salis par

---

(1) On appelait quelquefois ainsi ceux qui possédaient des terres.
(2) Bête. "Est-il diot ! Est-elle diote !"

lui. Il finit par trouver dans le foyer un escabeau où il s'assit auprès d'une des filles, qu'il se mit à regarder fixement. Celle-ci se recule ; Jean la pince, lui ôte violemment son mouchoir quand elle s'apprête à s'en servir et rit comme un fou. La fille jette les hauts cris ; Jean croyant réussir auprès d'elle, tire sur son cotillon avec tant de violence qu'il arrache les cordons qui le retenaient attaché. La fille, à moitié déshabillée, devint furieuse, et Jean fut mis à la porte à grands coups de pieds, au milieu des huées et des ricanements de toute la compagnie.

À partir de ce moment, Jean le Diot ne voulut plus faire la cour aux filles ; mais sa mère qui se sentait vieillir et avait besoin d'une bru pour l'aider, lui dit un jour :

— Jean, il faut te marier.

— Nenni, ma mère, j'ai été trop attrapé quand j'ai été voir les filles.

— C'est pourtant bien d'être marié ; ta femme te donnera du poulet à manger.

Voilà Jean qui consent, et on le marie. Quand il fut couché avec sa femme, il crut qu'elle allait lui servir du poulet, et il lui dit :

— Donne-moi n'en.

— Prends, répondit la mariée.

— Donne-moi n'en, que je te dis.

— Prends, va.

La nuit se passa ainsi, et le lendemain, Jean le Diot vint dire en pleurnichant à sa mère :

— Maman, je lui en ai demandé, et elle n'a pas voulu m'en donner.

– Il ment, s'écria la mariée, je lui ai dit d'en prendre s'il voulait.

Et elle alla se plaindre à sa mère de l'avoir mariée à un diot qui passait toute la nuit à dire "donne-moi n'en" sans rien faire autre chose. La bonne femme vit bien que son gendre était un niais, et elle lui dit que la nuit suivante, il fallait monter sur sa femme et pousser, où il sentirait du poil ; Jean fit ce qui lui avait été recommandé, mais au lieu de s'allonger, il se mit en travers sur sa femme, et commença à pousser de toutes ses forces, mais sans succès, comme on le pense bien, les femmes n'étant pas percées dans le même sens que les bouches. Ce ne fut que la troisième nuit, que Jean le Diot finit par apprendre comment il fallait s'y prendre pour avoir du poulet, et il le trouva fort à son goût et la mariée aussi.

Recueilli en Haute-Bretagne, en 1869.

La fermière et son domestique

Il y avait une fois une fermière qui alla à la foire avec son domestique.

En revenant, comme il faisait chaud, ils s'arrêtèrent à boire dans les auberges, et quand ils rentrèrent à la maison, ils étaient tous les deux un peu chauds de boire. La fermière alla pour se coucher dans une pièce où elle demeurait et comme elle était grise et fatiguée, elle s'endormit sur la maie qui est devant le lit et sert à monter dessus.

Le garçon qui était aller soigner ses chevaux passa par là en revenant, et il vit la fermière couchée sur le dos, le cotillon retroussé jusque par dessus les cuisses qui étaient écartées, le con baillait même un peu. Le garçon entendant la maîtresse ronfler se pencha sur elle. Il était déjà entré et se trémoussait de son mieux, quand la fermière lui cria :

– Jean !

– Hau (1), répondit Jean.

(1) C'est ainsi qu'on répond quand on est à une certaine distance et qu'on veut signaler qu'on a bien entendu.

– Je crois qu'ous me l'mettez.

– Non fait.

– Si fait, je l'sens ben ; et qu'ous remuez tant qu'ous pouez.

– Faut-i' l'tirer ?

– Non, pisqu'il y est ; mais faut pas recommencer (2).

Haute-Bretagne.

(2) Le héros du fabliau "De la demoiselle qui sonjoit" fut plus chanceux : "Trois fois l'a foutue en dormant… (tandis qu'elle dormait)". Anonyme, *Fabliaux érotiques*, L.G.E., 1991.

La chandelle qui fond

Il y avait une fois un cordonnier qui était toujours agacé par les filles d'une ferme : elles lui prenaient ses alènes, lui cachaient ses formes, et ne savaient quels tours lui jouer. Il y en avait surtout une qui était plus acharnée que les autres, et qui ne manquait jamais de passer devant lui sans l'appeler cu-de-paï (1).

Il résolut de s'en venger.

Un soir que la pluie tombait à seaux, il se déguisa en bonne sœur et vint à la ferme. Les filles prièrent la sœur d'entrer, et comme le mauvais temps continuait, elles lui dirent de rester à coucher. La fausse bonne sœur ne se fit pas prier, et elle alla justement dans le lit de la fille qui avait coutume de le faire agacer.

Quand ils furent couchés tous les deux, elle s'approcha de la fille et lui dit :

– Au couvent, je couche avec une des sœurs, et avant de dormir nous nous amusons toutes les deux.

– À quel jeu ?

(1) Cul de poix.

– Au jeu de la chandelle qui fond. Tiens, voici ma chandelle.

– Ah ! dit-elle, comme vos chandelle sont dures, à vous autres bonnes sœurs ; c'est pire que de la résine. Il faut un bon feu pour la faire fondre.

– Relève ta chemise, dit la fausse bonne sœur.

– Non, cela n'est pas propre.

– Hé bien ! si tu ne veux pas, je vais t'y faire une trou avec ma chandelle.

La fille releva sa chemise et la bonne sœur lui mit sa pinne entre les cuisses.

– Ah ! ma sœur, votre chandelle me fait mal.

– Écarte les cuisses, ou elle te percera.

La fille écarta les cuisses et bientôt la chandelle fondit, et comme la bonne sœur la retirait, la fille dit :

– Elle est bien fondue cette fois, j'ai des gouttes de suif tout plein sur le ventre.

Haute-Bretagne.

Le bossu

Il y avait une fois un petit bossu qui était amoureux d'une jeune fille ; mais elle ne voulait pas se marier avec lui. Un jour il dit au frère de sa bonne amie :

– Si vous voulez, nous allons partir tous les deux pour faire notre tour de France.

– Je veux bien, répondit le garçon.

– Oui, dit le bossu ; mais si vous voulez faire le voyage sans accident, il faudra m'obéir en tout et me laisser agir à ma guise.

– Cela me va, répondit le garçon.

Il alla annoncer à sa mère qu'il partait avec le petit bossu : à cette nouvelle, elle se mit dans une si grande colère, qu'elle s'en roulait par la place. Quand le lendemain son fils partit, elle lui donna des pâtés empoisonnés, et une petite bouteille qui contenait, à ce qu'elle disait, un cordial ; mais c'était du poison. Le bossu, qui était censément le domestique de l'autre vint le trouver, et tous les deux montèrent à cheval. Ils voyagèrent quelque temps, puis le garçon dit qu'il avait bien faim.

– Attendons à être près d'un château que je connais, dit le bossu.

– Y a-t-il encore loin ?

– Pas beaucoup, répondit le bossu, mais peu importe, je vous ai dit de m'obéir.

En arrivant près du château, le jeune garçon voulait goûter aux pâtés que sa mère lui avait donnés ; mais le petit bossu lui défendit d'y toucher, et ayant pris la bouteille, il en versa quelques gouttes sur le foin des chevaux. Ils n'y eurent pas plus tôt touché qu'ils crevèrent tous les deux.

– Les pâtés sont faits avec le poison qui est dans la bouteille, dit le bossu ; si vous y aviez goûté vous seriez à cette heure mort comme eux.

Le garçon se contenta de manger du pain, et voyant que le petit bossu était si fin, il résolut de se laisser guider par lui. Ils cheminèrent encore ce jour-là, et après avoir passé la nuit à l'auberge, ils se remirent en route le lendemain ; ils marchèrent longtemps et vers midi, ils arrivèrent au milieu d'une forêt, et ils se mirent à manger. Auprès d'eux étaient les deux pâtés empoisonnés ; mais ils se gardaient bien de les entamer. Pendant qu'ils étaient à dîner, ils virent arriver deux brigands à cheval qui leur demandèrent la bourse ou la vie. Le petit bossu leur dit :

– Il n'y a pas gras dans notre bourse ; mais si vous voulez manger, voilà deux excellents pâtés qui vous feront tout le bien du monde.

Les voleurs descendirent de cheval et goûtèrent aux pâtés ; mais aussitôt ils tombèrent morts. Le petit bossu et son compagnon s'emparèrent de leur argent, et montèrent sur leurs chevaux qui étaient bien meilleurs que les leurs. Ils continuèrent leur voyage et finirent par arriver à la ville de Paris ; et ils descendirent dans le meilleur hôtel, parce que l'argent ne leur manquait pas. Tous les jours à la même heure, on venait bannir (1) quelque chose au son du tambour sous les fenêtres de leur hôtel. Ils finirent par y prêter attention, et ils surent que le roi promettait de donner sa fille en mariage à celui qui lui aurait conté une devinaille qu'elle n'aurait pu deviné. Beaucoup de gens avaient déjà essayé ; mais la princesse avait toujours deviné. Le petit bossu dit à son compagnon :

– Laissez-moi faire : je vais lui dire quelque chose ; si elle devine, je veux bien que le diable m'enlève.

Il alla au palais et quand il fut en présence de la princesse, il lui dit :

– Voici la devinaille :

"Partis à quatre,
"Quittés deux,
"Partis deux,
"Rentrés quatre,
"Trouvé six,
"Perdu deux
"Et nous sommes encore quatre."

La princesse réfléchit longtemps ; mais elle fut obligée de renoncer à deviner l'énigme.

Elle était bien marrie, et elle disait à sa première chambrière :

(1) *Bannir* est utilisé ici dans le sens ancien de "publier, rendre public".

– Est-ce que je serai forcée de prendre ce petit bossu qui a si mauvaise mine ? Tâche de savoir de lui par ruse, ce que signifie sa devinaille. Si tu y réussis, ta fortune est faite.

La chambrière alla trouver le bossu, elle lui promit de l'argent et s'y prit de toutes manières pour connaître la devinaille ; mais le petit bossu lui déclara qu'il ne la lui dirait que si elle venait coucher avec lui. La chambrière s'en alla raconter à sa maîtresse que le bossu avait été insolent avec elle, et qu'il lui avait proposé de coucher avec lui.

– Il faut y aller pour l'amour de moi, dit la princesse ; s'il te prend ton pucelage, je te donnerai une si belle dot que tu ne manqueras pas de mari, quand même on saurait l'aventure.

Le bossu avait prévenu son maître de venir au logis un peu après sept heures, et de faire beaucoup de bruit en rentrant. À sept heures, voilà la chambrière arrivée ; elle fit d'abord bien des cérémonies pour se déshabiller : elle finit tout de même par ôter ses vêtements, et il ne lui restait plus que sa chemise ; mais le petit bossu déclara que si elle ne l'ôtait pas, il ne lui dirait rien. Elle se décida à la tirer, et alla coucher toute nue avec le petit bossu, qui serra la chemise sous son matelas. Quelque temps après qu'ils furent couchés ensemble, le compagnon du bossu rentra en faisant beaucoup de bruit :

– Ah ! s'écria le bossu, sauve-toi bien vite, voici mon maître.

La chambrière n'osait s'en aller toute nue ; mais comme le bruit augmentait, elle finit par s'en aller au palais, en se couvrant du mieux qu'elle pouvait. Le lendemain, le roi fit venir le bossu et son maître, et leur dit :

– Ma fille ne peut deviner votre devinaille.

– Je vais encore vous la redire :

> "Partis à quatre,
> "Quittés deux,
> "Partis deux,
> "Rentrés quatre,
> "Trouvé six,
> "Perdu deux
> "Et nous sommes encore quatre."

Je donne encore deux jours à la princesse pour la deviner.

La princesse avait beau réfléchir, elle ne pouvait savoir ce que cela signifiait. Elle décida sa seconde chambrière à aller trouver le bossu et à coucher avec lui s'il le fallait. Elle se déshabilla comme l'autre et ôta même sa chemise que le petit bossu cacha sous sa paillasse. Peu après le maître rentra et la chambrière fut forcée comme l'autre de s'en aller sans sa chemise. Le lendemain la princesse vint elle-même pour savoir le mot de la devinaille ; mais au lieu du petit bossu elle trouva son maître qui lui dit aussi de se déshabiller. Quand elle n'eut plus que sa chemise, elle voulut se mettre au lit ; mais le garçon déclara qu'il ne dirait rien si elle gardait sa chemise ; elle l'ôta et le garçon fourra aussi sa chemise sous son matelas. Il y avait quelque temps qu'ils étaient ensemble, lorsque le petit bossu rentra en faisant grand bruit :

– Comment faire ? dit le garçon à la princesse ; sauve-toi bien vite, ou le petit bossu qui est si méchant va nous tuer tous.

La princesse se leva aussi, et se cachant du mieux qu'elle put, elle retourna toute nue au palais. Le lendemain le roi fit venir le bossu et son maître à sa cour, et leur dit :

– Ma fille n'a pu deviner votre devinaille ; c'est une blague, pour le sûr.

– Non, sire, et la voici : nous sommes partis quatre, chacun de nous était monté sur un cheval. Les chevaux ont crevé, et nous n'étions plus que deux ; il est survenu deux brigands à cheval : alors nous étions six ; mais ils ont mangé du pâté empoisonné ; nous avons pris leurs chevaux, et nous nous sommes trouvés quatre. Voici encore une autre devinaille :

> "J'ai tiré trois coups,
> "J'ai tué trois perdrix,
> "Les perdrix se sont envolées,
> "Et j'ai leurs plumes dans mon sac."

Le roi et la princesse essayèrent encore de deviner celle-là, mais ils ne purent y arriver.

Alors le bossu dit :

– J'ai tiré trois coups et j'ai tué trois perdrix ; ces trois perdrix sont les deux chambrières de la princesse et la princesse à qui j'ai pris leur pucelage.

– Ce n'est pas vrai, s'écria la princesse ; ce n'était pas toi, vilain bossu.

– C'était mon maître, c'est tout comme. Les trois perdrix, ayant entendu du bruit, sont parties du lit ;

mais comme je leur avais fait quitter leurs chemises, les voici dans mon sac et c'est la plume des perdrix.

Le roi était bien en colère d'être obligé de donner sa fille au petit bossu ; mais celui-ci déclara que si son maître consentait à lui donner sa sœur en mariage, il renoncerait à la princesse. Cet arrangement fut du goût de tout le monde ; ils firent de belles noces : les petits cochons couraient par les rues, tout rôtis tout bouillis, la fourchette sur le dos et la moutarde au cul, et qui voulait en coupait un morceau

Recueilli en Haute-Bretagne, en 1879.

Le couvre-sot

Il était une fois une jeune fille qui avait un galant ; il était sur le point de l'épouser quand il entendit dire qu'un jeune homme tout à fait riche devait venir la demander à ses parents. Comme il savait que ce garçon était d'un pays assez éloigné, il alla dans une auberge sur la route que le galant devait prendre, et quand celui-ci y arriva, ils se mirent à causer ensemble, et l'autre lui dit qu'il venait pour se marier.

– Connaissez-vous le langage du pays ? lui demanda le jeune homme.

– Non.

– Cela vous serait pourtant bien utile.

– Hé bien ! apprenez-le moi.

– Savez-vous comment s'appelle cette fenêtre ?

– Non.

– Cela s'appelle une cuisse.

– C'est singulier ; et comment nomme-t-on un chapeau ?

– Un couvre-sot. Et ce que la bonne femme est en train de suspendre (C'était une petite casserole) ?

– Je n'en sais rien.

– C'est un cul.

– Très bien, dit-il, comme je vous remercie !

Il monta dans son carrosse, et quand le père de la jeune fille le vit, il vint le recevoir le chapeau à la main.

– Ah ! mon ami, lui dit le jeune homme, remettez votre couvre-sot.

Le père était mécontent et ne le trouvait guère poli. La fille était malade au lit ; le galant demanda à la voir tout de même, et on le fit monter dans sa chambre dont les deux fenêtres étaient ouvertes.

– Ah ! mademoiselle, lui dit-il, ce n'est pas étonnant si vous êtes malade ; vous avez les deux cuisses ouvertes.

Le père pensait : "Ce garçon ne vient ici que pour nous insulter, il m'a dit de mettre mon couvre-sot, et maintenant il dit que ma fille a les cuisses ouvertes ; c'est un mal élevé !"

Comme le gars descendait, il vit une femme qui essayait d'atteindre une casserole pour faire de la bouillie à son petit enfant.

– Attendez, lui dit-il, je vais vous attraper votre cul.

– Ah ! c'est trop fort, s'écria le père.

Il mit le galant à la porte, et l'autre épousa la fille.

Recueilli en Haute-Bretagne, en 1881.

Le chaumier

Un chaumier (1) qui était déjà vieux, avait épousé une femme jeune et gentille. Elle fit envie au recteur de sa paroisse : "Quel dommage, pensait-il, qu'un vieux couvreur en paille ait une si belle femme !"

Et il disait à sa paroissienne :

– Si tu veux que je couche avec toi, je te donnerai bien de quoi.

Elle y consentit, et comme le bonhomme allait couvrir dans les villages, et qu'il y restait parfois à coucher, elle convint avec lui d'un signal :

– Je mettrai, dit-elle, un os sur le bout du mur de l'aire ; quand il aura le bout viré vers chez nous, mon mari sera là ; s'il est viré par ailleurs, vous pourrez venir sans crainte.

Un soir le bonhomme était arrivé sans être attendu, et il s'était couché avec sa femme. Elle avait oublié de virer l'os en dedans. Tout d'un coup elle entendit frapper, pan, pan ! à la porte.

– Qui est là ? dit le mari.

(1) Artisan qui couvre les toits de chaume (paille).

– Ah ! s'écria la femme d'un ton plaintif, que je suis malade ! que je suis malade ! J'ai manqué à virer l'os. Je vais mourir.

Le recteur qui était à la porte l'entendit bien ; elle se débattait tant et faisait si grand bruit, que son bonhomme ne pouvait dormir.

– Ah ! s'écriait-elle, j'empire, il faut aller me chercher le prêtre.

Le bonhomme y alla en toute hâte, et quand le recteur arriva, la femme se plaignait bien haut :

– Ah ! s'écriait-elle, j'ai manqué à virer l'os

– Je crains qu'elle n'ait la fièvre cérébrale, dit le recteur.

– Croyez-vous, demandait le pauvre homme, qu'il y ait du danger ?

– Laissez-moi avec elle, je vais la confesser.

Et, tout en la confessant, il lui disait :

– Où pourrions-nous bien envoyer le bonhomme pour être à notre aise ?

– Envoyez-le, dit-elle, à Montpellier pour chercher l'eau de santé ! Il restera deux ou trois jours en route, et nous pourrons faire bombance pendant qu'il y sera.

Le vieux couvreur prit son bâton et mit dans la poche de son tout-rond (2) une bouteille pour rapporter l'eau de santé. Quand il fut parti, un coquetier (3)

(2) Sa besace.
(3) Marchand de coques (mollusques lamellibranches). Les marchands de coques de la baie du Mont Saint-Michel rayonnaient sur tout l'arrière pays. Les vendeurs ou vendeuses de coques étaient réputées pour leur bagout. Une "vendeuse de coques" est une "vantarde".

vint à la maison de la femme qui lui dit, sachant qu'elle lui avait jadis joué des tours :

– Reviens ce soir, et tu auras ta part de fricot.

– Volontiers, répondit-il.

Le coquetier en se promenant rencontra le pauvre bonhomme qui s'était adiré (4) :

– Où vas-tu comme cela, bonhomme ?

– Je vais à Montpellier chercher l'eau de santé pour ma femme qui est bientôt morte, et j'en ai bien du chagrin.

– Ah ! vieux couvreur, elle t'a envoyé promener pour faire bombance avec le curé tout à son aise : ne sais-tu pas qu'il couche avec elle toutes les nuits que tu restes dehors ? Ils font un grand repas ce soir, et ils m'y ont invité, je te mettrai dans ma jaille (5) si tu veux, et tu verras tout ce qui va se passer.

Le bonhomme monta dans la jaille, et il arriva sur le dos du coquetier au moment où ils allaient se mettre à table. Il y avait dans le foyer un canard à la broche.

– Le canard n'est pas cuit, dit la servante qui avait nom Perrine ; si j'avais su, je l'aurais mis de meilleure heure.

– Passons à table, dit la femme, nous allons boire verre de vin en attendant.

Dit le recteur :

– Il faut dire chacun sa petite chanson pour rire ; nous ne pourrions bien manger sans cela.

(4) Ancien français : égaré.
(5) Hotte.

– Commencez, monsieur le recteur.

– Non, répondit-il, à vous, madame.

Et elle dit :

"Mon mari est à Montpellier,

"Chercher de l'eau pour ma santé,

"Pour la santé de ma maison

"Kyrie eleison."

Le recteur à son tour :

"J'ai un bon canard pour souper,

"Une jolie femme pour mon coucher,

"Kyrie !"

– À vous, coquetier.

– Je ne sais trop ce que je vais dire ; mais voici ma chanson :

"J'ai un coq dans ma jaille,

"Qui n'a pas encore chanté

"Mais qui va crier : Kyrie !"

– C'est très bien ; mais vous Perrine, il faut aussi dire votre conte comme les autres.

– Ah ! non, dit-elle, je n'en sais point.

– Si, si, il faut en dire un.

Elle commença ainsi :

"J'ai bien compris dans vos chansons

"Que mon maître était à la maison,

"Kyrie eleison."

Le bonhomme sauta alors hors de la jaille, saisit un bâton, et se mit à en frapper sa femme et le recteur, puis il s'enferma avec le coquetier et Perrine, et ils mangèrent le canard.

J'allais aussi pour y entrer, mais je m'en fus quand j'entendis tant de coups de bâton rouler (6).

Recueilli en Haute-Bretagne, en 1880.

(Variante angevine)

Il y avait une fois un bonhomme que sa femme envoya chercher une cruche à la ville ; sur son chemin il rencontra un coquetier qui lui dit :

– Ah ! mon pauvre bonhomme, le curé est en train de fricoter chez toi.

– Ce n'est pas vrai.

– Que veux-tu parier ?

– Si tu as raison, je te donnerai la récolte de blé qui est dans mon grenier.

– Monte dans ma hotte et tu verras.

Le coquetier arrive à la maison dont la porte était fermée, et il y frappe.

– Qui est là ?

– C'est moi, le coquetier.

– Ah ! c'est vous, coquetier, venez avec nous, vous allez être de la fête.

(6) Tradition de conteur qui n'aurait su être un bon conteur s'il n'avait été, peu ou prou, témoin des faits qu'il rapportait. Véridique ou faux-témoin importait peu. Nous avons été personnellement témoin du respect qu'on accordait autrefois à cette espèce tristement menacée des "grands mentoux".

Et elle le fit asseoir à côté du curé.

Quand ils eurent bien mangé, on convint que chacun aurait dit une histoire. Ce fut la bonne femme qui commença :

"J'ai envoyé mon mari
"À la fontaine devers midi,
"Chercher de l'eau pour me guérir ;
"Monsieur l'curé me guérira,
"*Alleluia* !"

Le coquetier chanta à son tour :
"J'ai un vieux coq dans mon panier,
"L'y a longtemps qu'i' n'a chanté,
"Quand i' chantera on s'étonnera.
"*Alleluia.*"

Le bonhomme qui était dans la hotte chanta aussi :
"Fermez les portes, tournez les clés :
"Le coquetier a gagné mon blé ;
"C'est le curé qui le paiera.
"*Alleluia.*"

Quand le curé entendit cette voix qui sortait on ne sait d'où, il s'écria :

— *Vade, vade retro, Satana.*

Jean le Matelot

I

Il y avait une fois trois jeunes gens qui allaient voir une jeune fille. L'un d'eux s'appelait Jean le Matelot, et des deux autres l'un était perruquier et l'autre boulanger, et c'est par le nom de leur profession qu'on les désignait généralement.

Depuis un an ils passaient régulièrement leur soirée chez leur bonne amie, et sa mère leur dit qu'il y avait déjà longtemps qu'ils courtisaient sa fille, qu'elle les trouvait aimables tous les trois ; mais que comme sa fille ne pouvait en épouser qu'un seul, celui qui le lendemain montreraient les mains les plus blanches deviendrait le mari de la fille. Jean le Matelot était bien désolé de cette décision, car il n'espérait guère être choisi comme mari de sa bonne amie, lui qui avait toujours les mains dans la brai (1) et le goudron ; et les deux galants disaient en se moquant du marin :

– À coup sûr, ce ne sera pas Jean le Matelot qui aura la fille !

(1) La résine (gaulois *braeus*).

Le perruquier disait :

– J'ai plus de cent personnes auxquelles je dois couper les cheveux et faire la barbe, et je me savonnerai si bien que c'est moi qui aurait les mains les plus blanches.

– Je les aurai, répondait le boulanger, encore plus blanches que toi : j'ai à cuire deux fournées de pain dont je boulangerai la pâte ; je me laverai les mains à l'eau douce et à l'eau tiède, et nous verrons demain soir qui aura les mains les plus blanches.

Jean le Matelot s'en alla tout désespéré chez son armateur.

– Qu'avez-vous donc, Jean le Matelot ? Vous avez la mine bien triste ce soir.

– Oui, répondit-il, et ce n'est pas sans raison ; car la mère de ma bonne amie a dit à ses galants qu'elle donnerait sa fille à celui qui aurait les mains les plus blanches, et c'est demain soir que doit avoir lieu l'épreuve.

– Va-t'en demain au navire travailler comme à l'ordinaire, dit l'armateur ; puis, ton ouvrage fini, prends tes habits des dimanches et viens me trouver ; je te donnerai de quoi blanchir tes mains, et sois sûr que c'est toi qui auras la fille.

Au soir, l'armateur mit dans une des mains de Jean une poignée de pièces de cinq francs, et dans l'autre une poignée de louis d'or. Les trois jeunes gens se rencontrèrent sur le chemin qui conduisait chez la fille, et le perruquier et le boulanger, tout en gouaillant Jean le Matelot, l'invitèrent à venir boire sa part d'une bouteille de vin.

– Ah ! dit Jean le Matelot quand il en eut bu un verre, voilà du bon vin de Champagne.

– C'est, répondirent les deux compères, du vin de cinq francs la bouteille.

Jean alla trouver la maîtresse du café, et lui demanda combien coûtait en effet ce vin.

– Cinq francs, dit-elle.

– Et en avez-vous qui coûte vingt francs le litre ?

– Oui, il est facile de vous en servir.

– Apportez-en un litre, dit Jean.

Tout en buvant le vin que Jean avait fait venir, le perruquier se moquait de lui, en disant :

– Voilà du vin qui ne pique pas la langue, il vaut bien trois francs cinquante ou quatre francs.

– De quel prix est votre vin ? demanda Jean à l'hôtesse.

– De vingt francs, répondit-elle.

– Tenez, les voilà.

Le perruquier disait au boulanger :

– Moi qui croyais qu'il n'avait pas d'argent, et il semble en avoir plus que nous.

Les voilà tous trois qui frappent à la porte du logis de leur bonne amie, et qui y entrent. La mère avait préparé un petit repas, et elle invita les galants à s'asseoir, ce que le boulanger et le perruquier firent sans se laisser prier, mais Jean n'osait se mettre avec les autres parce qu'il avait les mains sales. À la fin, il vint pourtant s'asseoir à côté de la jeune fille, et les deux autres galants l'épiaient pour voir s'il ne lui faisait pas la cour. Quand ils eurent bien soupé, la bonne femme pria ses invités de venir se chauffer dans le foyer, car on était en hiver et il faisait froid.

– Maintenant, dit-elle, je vais voir qui a les mains les plus blanches. Qui va montrer les siennes le premier ?

Ce fut le perruquier qui commença à subir l'examen :

– Vous avez les mains blanches, bien blanches, dit la mère ; mais il vous est resté un poil sous l'ongle.

– Ah ! c'est vrai, répondit le perruquier, je ne l'avais pas vu.

– Cela ne les empêche pas d'être blanches tout de même.

Quand vint le tour du boulanger :

– Vos mains, dit la mère, sont encore plus blanches que celles du perruquier, mais il vous est resté un peu de pâte sous l'ongle.

Jean le Matelot vint à son tour, et au lieu de montrer ses mains, il attira de sa poche une poignée de pièces de cinq francs et une poignée de louis d'or.

– Ah ! s'écria aussitôt la bonne femme, voilà celui qui a les mains les plus blanches et c'est celui-là qu'il nous faut.

Jean le Matelot fixa le jour de ses noces à quinze jours de là, pour avoir le temps de prier ses amis. Le perruquier et le boulanger voyant que leur bonne amie allait se marier, résolurent dès le lendemain d'aller demander chacun une fille en mariage. Huit jours avant la noce, Jean dit à sa future :

– J'ai oublié d'inviter à notre mariage le perruquier et le boulanger.

– Il est encore temps de les prier, va les trouver tous les deux.

Jean arrive chez le perruquier et lui dit :

– Voulez-vous venir à mes noces ?

– Volontiers, répondit-il, quand sont-elles ?

– Mardi prochain.

– Ah ! c'est ce jour-là que je me marie aussi moi, ce qui fait que je ne peux accepter.

Jean alla ensuite chez le boulanger pour l'inviter à ses noces :

– Quand ont-elle lieu ?

– Mardi prochain.

– Et les miennes aussi, et je ne peux y aller.

Les trois paires de noces arrivèrent dans le bourg en même temps, et ils se marièrent à la mairie et à l'église.

II

Jean le Matelot passa quelques jours à se réjouir comme c'est l'usage ; puis il dit à sa femme :

– Voilà trois jours que je suis marié, il est temps que je retourne travailler à bord de mon navire. À midi tu viendras m'apporter à manger.

Jean le Matelot s'en alla à bord, tout joyeux d'avoir une jolie petite femme. À midi, elle lui mit son dîner dans un panier, et comme elle le portait, elle rencontra le perruquier qui lui dit :

– Bonjour, ma petite dame, comment allez-vous ?

– Pas mal, je vous remercie.

– Votre mari va-t-il rentrer ce soir à la maison ?

– Je n'en sais rien ; mais pourquoi me demandez-vous cela ?

– Parce que je voudrais bien coucher avec vous ce soir ; si vous y consentez, je vous donnerai mille francs.

– Je vous dira cela en repassant.

Un peu plus loin, elle vit venir le boulanger qui lui tint le même propos et elle lui fit la même réponse. Elle arriva au navire et dit à Jean le Matelot :

– Tiens, voilà ta soupe, ta viande et ton cidre que je t'apporte.

Jean l'embrassa pour sa peine, et elle lui dit :

– J'ai rencontré en venant ici le perruquier et le boulanger qui m'ont tous les deux demandé si tu reviendrais ce soir à la maison.

– Qu'as-tu répondu ?

– J'ai dit que je n'en savais rien et qu'à mon retour je leur donnerais une réponse ; ils m'ont dit que si je voulais coucher avec eux, ils me donneraient mille francs chacun.

– Il faudrait dire au perruquier de venir à sept heures et demie, et au boulanger d'arriver à huit ; tu leur apprêteras un petit repas ; mais tu auras soin de ne pas te coucher avant neuf heures.

Les deux galants qui voulaient faire cocu Jean de Matelot arrivèrent à l'heure et se mirent à souper. Ils finirent pas tirer à la courte-paille pour savoir celui qui aurait couché le premier avec la femme, et le sort désigna le boulanger. Le perruquier dit que le lit était bien assez large pour trois, et les deux galants comptèrent l'argent, que la femme enferma à clé dans son armoire, en faisant résonner son trousseau.

Le boulanger et le perruquier se déshabillèrent et ils étaient en chemise lorsqu'on entendit frapper à la porte.

– Qui est-ce qui est là ?

– C'est moi, Jean le Matelot.

– Ah ! dit-elle, c'est mon mari. Où vous cacherai-je donc bien ? Tenez voilà un grand panier à coulisse qu'on suspend au plancher avec une corde ; mettez-vous dedans, je vous remonterai, et l'on ne s'apercevra pas que vous êtes là.

– As-tu fini de me faire attendre !

– Je vais tout de suite, je suis à mettre mon cotillon de dessous.

Quand le mari fut entré, il ne fit pas mine de savoir que les deux galants étaient là.

– Comme tu as du fricot ce soir !

– C'est pour toi que l'ai fait et je t'attendais.

– Qui a mis ces belles pâtisseries là ?

Le boulanger qui les avait apportées et entendait tout du panier se gardait de répondre, et ainsi fit aussi le perruquier quand on parla des belles poires qui étaient sur la table.

– Ma foi, dit Jean, puisque nous avons tant de bien ce soir, j'ai envie d'inviter le perruquier et le boulanger à venir en manger leur part avec leurs femmes. Va-t'en les chercher.

Elle partit et arriva chez la femme du boulanger qu'elle invita :

– Je ne sais pas, dit-elle, où est mon mari ; il est peut-être au cabaret à jouer aux cartes, mais je vais aller avec vous.

La femme du perruquier dit la même chose, et les trois femmes arrivèrent à la maison de Jean le Matelot. Quand ils eurent bien soupé, Jean dit :

– Je boirai bien un peu de thé, va-t'en en chercher, Marie.

– Je vais aller avec vous, dit la femme du boulanger.

Quand les deux femmes furent parties, Jean le Matelot se mit à serrer de près la femme du perruquier et il la coucha sur le lit, et joua avec elle le jeu de la chandelle qui fond, pendant que le perruquier qui voyait tout de son panier, disait tout chagrin :

– Je voulais le faire cocu, mais c'est moi qui le suis par lui et à ma barbe.

Les femmes qui étaient à chercher le thé revinrent ; mais elles avaient oublié le sucre. La femme du perruquier s'offrit à accompagner Marie jusque chez l'épicier, et Jean le Matelot resta seul avec la femme du boulanger : il la coucha sur le lit, et pendant qu'il la baisait, le boulanger disait :

– Nous voulions le faire cocu, et c'est lui qui nous le fait, et devant nous encore.

En buvant le thé, la femme du boulanger et celle du perruquier qui étaient de belle humeur, demandèrent à Jean le Matelot de leur montrer comment il faisait en mer, quand arrivait un grain :

– Je ne peux pas mieux vous le faire voir qu'à l'aide de ce panier qui est en l'air. Supposez que ce soit un hunier, et que la brise ne soit pas très forte, on l'amène en douceur ; si le grain devient plus violent, on l'amène en pagale (2).

Voilà le panier par terre avec les deux gaillards en chemise qui se sauvaient de leur mieux, mais non assez à temps pour éviter des coups de bâton que leur donna Jean le matelot.

– Qu'est-ce que cela, disaient les femmes.

– Ce sont des voleurs, répondait Jean.

Elles coururent après les deux hommes qui se sauvaient :

– Ah ! dit la femme du boulanger, c'est mon mari !

– C'est le mien aussi, criait la femme du perruquier. Si j'avais su cela, je ne serais pas venue ici.

Recueilli en Haute-Bretagne, en 1879.

(2) Terme propre à l'Ille-et-Vilaine : tomber en tas, s'affaisser. Orain donne comme exemple : "Ces sacs de blé-na (blé noir) sont chés (tombés) en pagale dans la grange."

Le gardeur de lièvres

Il y avait une fois un roi dont la fille était en âge d'être mariée. Il fit publier au son du tambour qu'il donnerait la princesse en mariage à celui qui apporterait au château les plus belles pommes d'orange. Une bonne femme qui avait des oranges dans son jardin en cueillit trois des plus belles qui se pussent voir, les mit dans un panier, et dit à son fils aîné de les porter au château. C'était un garçon grand et fort, qui ne craignait personne, mais qui avait l'habitude de parler aux gens comme à ses chevaux, c'est-à-dire avec peu de politesse.

À quelque distance de la ferme, il rencontra une vieille chercheuse de pain qui marchait péniblement en s'appuyant sur un bâton ; en entendant le pas délibéré du jeune gars, elle se retourna et lui dit :

– Que portez-vous dans ce panier ?

– Des patates, la vieille.

– Hé bien ! je souhaite qu'elles soient de la plus belle espèce qu'on ait jamais vue.

Quand le gars découvrit son panier en présence du roi, au lieu de contenir des pommes d'orange, il était rempli de pommes de terre.

– Va-t'en, insolent, s'écria le roi ; ce que tu m'apportes est à peine bon pour mes cochons.

Le garçon s'enfuit en toute hâte, et il se garda bien de raconter sa mésaventure à sa mère. Il dit seulement qu'on n'avait pas voulu le laisser entrer. Le lendemain, la bonne femme cueillit encore des pommes d'orange, et dit à son second fils d'être bien poli en y entrant ; car elle pensait que c'était la grossièreté et l'insolence de son aîné qui l'avaient empêché de réussir. Il rencontra à son tour la vieille qui lui demanda ce qu'il avait dans son panier.

– Des œufs de coucou, répondit-il en se moquant.

– Amen, dit la pauvresse.

Quand le roi ouvrit le panier, et qu'il le vit rempli des œufs de cet oiseau de mauvaise présage, il se coléra encore plus que la veille, et ordonna à ses domestiques de mettre à la porte celui qui osait ainsi se moquer de son seigneur. Les gens du château ne se le firent pas dire deux fois, et le malheureux garçon revint à la maison, les habits en désordre, tout éclopé et tout penaud.

Il y avait à la ferme un troisième enfant qui était tout petit et n'avait point la grosse santé de ses frères ; mais il était fin comme la pointe d'une aiguille, et son bon caractère le faisait aimer de tout le monde. Il pensa que ses aînés avaient fait quelque sottise, et il se promit de se conduire de manière à parvenir sans encombre jusqu'au roi. Il prit ses habits des dimanches, et demanda à sa mère la permission d'aller porter au roi des pommes d'orange. Elle refusa d'abord de lui en cueillir, en lui disant que ses frères avaient mal réussi, mais il la supplia tellement, il fut si câlin et si boudet (1), qu'elle finit par lui donner de belles pommes d'orange, et il partit avec son petit panier au bras. Il trouva aussi la vieille mendiante qui lui dit :

– Bonjour, mon jeune gars : que portes-tu dans ton panier ?

– Des pommes d'orange pour épouser la fille du roi.

– Tu voudrais donc bien te marier avec la princesse ?

– Ah ! oui, car je serais riche, et je pourrais faire du bien à ma mère sur ses vieux jours.

– Hé bien ! si le souhait d'une pauvre vieille peut t'être utile, je désire que tes oranges soient les plus belles qu'on ait jamais vues.

Les domestiques du château ne voulurent point d'abord le laisser entrer ; car ils pensaient que le roi serait très irrité si on lui jouait encore une farce ; mais le jeune gars leur parla d'un ton si doux et si poli, qu'ils allèrent demander au monarque s'il voulait voir les pommes d'orange qu'on lui apportait.

– J'y consens, dit-il, mais si ce garçon a l'audace de vouloir me tromper et se moquer de moi comme les autres, il sera pendu.

Ses oranges furent trouvées belles et chacun se récriait sur leur grosseur et leur bonne mine. Mais

_____

(1) Ou *bedet* : mignon, gentil, aimable. Propre à l'Ille-et-Vilaine. On dit plutôt *boudet* dans le nord (vallée de la Rance) et *bedet* au sud.

quand la princesse vit ce petit garçon maigriot et assez mal vêtu, elle refusa de l'épouser, et dit à son père de chercher un prétexte pour éluder sa promesse.

– Tu peux épouser ma fille, dit le roi ; mais auparavant il faut que tu subisses une épreuve. Tu vas aller dans la forêt avec un lièvre ; tu le garderas pendant trois jours, en ayant soin de le ramener ici tous les soirs, et le troisième jour, il faudra que tu rapportes une panérée (2) de vérités.

On lâcha le lièvre à la lisière de la forêt, et il s'enfuit à toutes jambes : le petit gars s'assit sur une pierre, et il se mit à pleurer. Comme il s'essuyait les yeux, il vit devant lui la bonne femme qui lui demanda pourquoi il était affligé.

– Ah ! dit-il, j'ai porté les pommes d'orange au roi ; mais on n'a pas voulu me donner la princesse à moins que je ne puisse garder pendant trois jours un lièvre. Et comment le pourrai-je, puisqu'il vient de s'échapper sitôt qu'il a été lâché !

– Tiens, petit gars, voici une baguette : quand tu voudras que le lièvre revienne à toi, tu en frapperas trois coups et il accourra aussitôt. Mais on va venir te demander à l'acheter : ne le cède à personne qui vive, à moins qu'en échange, il ne consente à te donner un morceau de sa peau.

Le petit gars se hâta de frapper trois coups, et aussitôt le lièvre accourut, et quand il fut bien sûr de pou-

(2) Un plein panier.

voir le faire revenir à sa guise, il le laissa se promener dans la forêt. Bientôt il arriva un seigneur qui voyant le jeune garçon avec une petite baguette à la main, lui demanda ce qu'il faisait là.

– Je garde un lièvre, répondit-il, en sifflant comme pour appeler ; mais en même temps, il frappait trois coups sans faire mine de rien, et le lièvre accourut

– Vends-moi ton lièvre, dit le Seigneur, je t'en donnerai autant d'argent que tu voudras.

– Je ne désire point d'argent, répondit le gars, je ne veux qu'un petit morceau de peau (3) pris dans la paume de votre main.

Le seigneur se récria, mais comme le roi l'avait envoyé pour tacher d'avoir le lièvre, il finit par consentir, et laissa le gars lui tailler une petite bande de peau avec son couteau. Il prit ensuite le lièvre, et le garçon ramassa la peau dans un coin de son mouchoir auquel il fit un nœud. Quand le seigneur eut le dos tourné, il frappa trois coups, et aussitôt le lièvre accourut, et le soir en rentrant au château il le montra au roi.

Le lendemain, il retourna à la forêt avec son lièvre, et pour passer le temps, il se mit à ramasser

(3) Dans les contes des Bretons armoricains et ceux des Gaëls de l'Écosse occidentale, il est souvent fait mention de cette coutume d'après laquelle, lorsqu'un engagement lie deux hommes, celui qui manque à sa parole se laisse tailler une bande de peau et n'essaie point de se soustraire à cette torture. La coutume aurait laissé un proverbe : *Kik pe groc'henn am bezo*, "J'aurai chair ou peau." Voir notre édition des *Proverbes et dictons des Bretons* (Le Félin, Paris, 1994). La livre de chair exigée par le marchand de Venise de Shakespeare serait issue de cette tradition.

des lucets (4). Vers midi, il vit venir le carrosse du roi, qui s'arrêta à quelque distance, et le prince vint seul lui demander à acheter son lièvre. Il s'était déguisé, mais le petit gars le reconnut bien.

– Je ne le vendrai, dit-il, ni pour or ni pour argent ; mais il est à vous si vous voulez me donner un morceau de votre peau.

– Comment ! s'écria le roi.

– Ah ! peu m'importe l'endroit où il sera pris : si vous voulez, ce sera sur vos fesses (5), cela vous fera moins de mal et on ne s'en apercevra pas.

Le roi finit par consentir, et le gars fit un nœud à son mouchoir et y serra la peau royale, puis il donna le lièvre au prince qui le mit lui-même dans le coffre de sa voiture. Le petit gars, quand vint le soir, frappa trois coups ; à ce moment même on ouvrait le coffre de la voiture, et le lièvre se sauva sans qu'on pût l'arrêter ; et en rentrant, le petit garçon le ramena avec lui.

Le lendemain la princesse alla à la forêt et demanda à son tour à acheter le lièvre.

– Je ne le vends pas, répondit le petit gars, et vous ne l'aurez ni pour or ni pour argent, mais je vous en ferai cadeau si vous voulez me donner votre pucelage.

La princesse fut sur le point de se fâcher ; mais voyant qu'il n'y avait personne aux environs, elle sui-

(4) Des myrtilles. Expression propre, semble-t-il, aux environs de Paimpont.

(5) Un contrat de vente d'animal — une chèvre — dans la "geste" de Trubert comporte un poil de cul.

vit le petit gars dans un coin de la forêt. Il lui enleva son pucelage et le serra dans son mouchoir à côté de la peau du roi et de celle du seigneur, puis il lui donna le lièvre. Elle le ramassa dans son tablier, mais il n'y resta pas longtemps, car le gars frappa trois coups de baguette et il revint aussitôt. Au soir, il ramena le lièvre au château et réclama la main de la princesse.

– Il te reste, dit le roi, à accomplir la seconde partie de l'épreuve ; où est ta panerée de vérités ?

– La voici, dit le garçon en défaisant un des coins de son mouchoir. Ordonnez à ce seigneur d'ouvrir la main…

– Oui, oui, c'est vrai ! s'écria le Seigneur.

– J'ai encore un morceau de peau, et il serait facile de voir où il a été pris…

– Ne dis rien, s'écria le roi.

– Voici, continua le gars, une petite peau que j'ai prise à une belle demoiselle que j'ai dépucelée dans la forêt.

– Ah ! coquin, s'écriait la princesse, si j'avais su que tu le dirais…

– Comment ? C'était toi ! dit le roi.

– Oui, mon père.

– Alors, épouse ce garçon : il est aussi fin qu'un vieux sorcier.

Ils se marièrent et ils firent de belles noces, et moi qui y étais, on me mit à m'en aller au soir, et c'est tout ce que j'en vis.

Recueilli en Haute-Bretagne, en 1879.

Le diable dupé

Un gros fermier menait boire ses bœufs et il était assis sur l'un d'eux. Il rencontra un diable qui lui dit :

– Tu as de bien beaux bœufs : que leur as-tu fait pour les rendre si gras et si luisants ?

– Je les ai fait couper (châtrer) et leur ai donné à manger de la piétinure de chanvre.

– Et si on m'en faisait autant, est-ce que je deviendrais comme tes bœufs ?

– Probablement oui.

– Alors traite-moi comme tes bœufs.

Quand l'homme eut châtré le diable, celui-ci lui dit :

– Comment t'appelles-tu ?

– Moi-même, répondit le fermier.

Le diable retourna avec ses compagnons, et comme sa blessure le faisait souffrir, il leur disait :

– Ah ! j'ai bien mal à mon cul.

– Pourquoi ?

– Parce que je suis châtré comme les bœufs, pour devenir aussi gras et aussi luisant qu'eux.

– Et qui t'a coupé ?

– C'est Moi-même.

Les autres diables éclatèrent de rire, et le petit diable furieux revint trouver le fermier en lui disant qu'il se vengerait de lui s'il voyait qu'il l'avait trompé, et il déclara qu'il reviendrait bientôt. Le fermier raconta à sa femme les menaces du diable. Celle-ci qui était fine, lui dit :

– Laisse-moi faire, je me charge de tout.

Elle changea d'habits avec son mari, et alla à l'endroit où le diable devait venir. Celui-ci ne tarda pas à arriver et il s'écria :

– Toi, Moi-même, es-tu coupé aussi ? Montre si tu t'es moqué de moi.

La femme ôta ses culottes et montra son con au diable ; quand celui-ci l'eut vu, il s'écria :

– Ah ! tu es encore coupé plus ras que moi.

Recueilli en Haute-Bretagne, en 1878.

La chique

Il y avait une fois un matelot qui s'appelait La Chique ; il demanda à son capitaine la permission de descendre à terre.

Pendant qu'il s'y promenait, une belle dame l'appela par la croisée :

– Venez ici, dit-elle, je veux vous parler.

Il ne se fit pas prier ; la dame l'invita à souper, et lui dit de rester jusqu'au lendemain matin puisqu'il avait une permission. Le lendemain, il arriva à son bord deux heures après la fin de sa permission.

– Pourquoi es-tu en retard ? lui demanda son commandant.

– C'est une dame qui m'a appelé, et je suis resté à coucher avec elle.

– Raconte-moi cela, La Chique.

Le matelot fit le récit de point en point et décrivit l'appartement et la dame, si bien que le capitaine reconnut sa maison et sa femme.

– Retourneras-tu, dit-il, chez cette belle dame ?

– Oui, répondit La Chique, elle m'a fait promettre de revenir.

– Je te donne encore permission, et voici vingt francs pour t'amuser, dit le capitaine.

Comme La Chique était couché avec la dame, le commandant arrive et frappe à la porte.

– Ah ! dit-elle, c'est mon mari : où te cacher ?

Elle le fit se mettre dans une statue qui était creuse puis elle alla ouvrir au capitaine.

– Tu m'as fait bien attendre, dit-il en dégainant son sabre, il y avait quelqu'un avec toi. Je vais le tuer.

Il fouilla partout et ne trouva personne : quand il fut parti, La Chique sortit de sa cachette et retourna à bord :

– Qu'as-tu fait cette nuit ? demanda le capitaine.

– Ah ! dit La Chique, je suis retourné chez la dame, mais cette fois, je n'ai pas été tranquille. Le mari est venu, il a tiré son sabre, et fait le tremblement ; mais j'étais bien caché dans une statue creuse, et il n'a pu me trouver.

– Iras-tu encore chez la dame ?

– Tant que vous voudrez, capitaine, je ne demande que cela.

– Hé bien ! je te donne permission et voici vingt francs pour faire le garçon.

À peine était-il couché avec la dame, que le commandant frappe à la porte :

– Ah ! voici encore mon mari : où te cacher ? Tiens, mets-toi derrière ce grand manteau.

Le commandant dégaine son sabre, frappe la statue et la met en pièces, puis il cherche partout, mais ne songe pas au manteau. Quand La Chique fut de retour à bord, le commandant lui demanda des nouvelles de sa nuit.

– Le mari est encore revenu, il a fait du tapage, et sabré la statue, mais j'étais derrière un manteau, et il ne m'a pas vu.

– Retourne encore et demain, dit le commandant.

– Ça n'est pas de refus, capitaine.

Le capitaine vint encore frapper à la porte, le marin se sauva en grimpant par la cheminée, et le capitaine se précipita l'épée à la main sur le manteau qui était dans la croisée, et le transperça ; mais il n'y avait personne derrière.

Le lendemain matin, le capitaine dit à La Chique :

– Comment cela s'est-il passé cette nuit ?

– Ah ! mon homme est encore revenu, il a juré et tempêté, et a passé son épée à travers son manteau, mais j'étais dans la cheminée, bien en sûreté.

– Retourne ce soir, dit le commandant en lui donnant vingt francs.

Pendant la journée, le commandant fit apporter des fagots tout autour du château, et en mit aussi dans les chambres.

– C'est mon mari : où te fourrer ? Tiens, je vais te mettre dans ce grand coffre, ses papiers dedans, et il aura soin de l'emporter ; quant à moi, il ne me brûlera pas.

Le capitaine entra, et après avoir cherché partout sans succès, il commanda à deux matelots de porter le coffre à bord ; puis il mit le feu au château, après avoir placé tout autour des sentinelles auxquelles il avait donné l'ordre de tirer sur ceux qui sortiraient du château. Quand la Chique fut un peu éloigné, il cria :

– Ohé ! les gars ouvrez dont un peu la malle.

Il sortit et la referma, puis il alla prendre son fusil et son sabre, et vint prendre son rang parmi les matelots, qui faisaient le guet, et il disait tout haut :

– Si quelqu'un sort du château, je ne le manquerai pas.

Quand le capitaine le vit à son poste, il lui dit :

– Tiens, voilà cent francs, fous-moi le camp, et que je ne te revoie jamais.

La sauce

Il y avait une fois un domestique qui cherchait à se gager. Il rencontra un monsieur qui lui dit :

– De quel état es-tu ?

– Je suis de tous états ! Que vous faut-il ?

– Un cuisinier.

– Je suis cuisinier.

Le monsieur ne lui demanda pas son nom ; et quand il arriva à la maison, il dit à sa femme qu'il avait loué un domestique.

– Comment s'appelle-t-il ?

– Ma foi, je n'ai pas pensé à lui demander son nom.

Quand la dame vit le domestique, elle lui demanda comment il se nommait :

– Je m'appelle Le Rideau, madame.

Le monsieur rentra et lui dit :

– Comment vous nommez-vous, mon ami ?

– Ah ! monsieur, répondit-il, j'ai un bien drôle de nom. J'ai nom : J'enrage.

La demoiselle vint à son tour et lui dit :

– Quel est votre nom ?

– Ah ! répondit-il, je l'ai dit à votre papa et à votre maman ; mais je ne vous le dirai pas.

– Si, si.

– Je m'appelle La Sauce.

Au dîner on servit un plat où il y avait de la sauce. La demoiselle qui la trouvait à son gré, disait à chaque instant :

– Ah ! la bonne sauce ! Ah ! la bonne sauce !

– Tu en manges trop, tu seras malade !

Après le souper le cuisinier alla à la chambre de la demoiselle pour druger (1) ; il se coucha sur elle, et comme il la pressait, elle criait :

– Maman, La Sauce me gêne ! La Sauce me gêne !

– Je t'avais bien dit que tu en mangeais trop.

Mais comme elle continuait de se plaindre, sa mère monta, et elle cria à son mari.

– Viens vite, Le Rideau est au lit de mon enfant !

– Est-ce que ce n'est pas là sa place ? répondit-il.

Il monta à son tour, et quand le domestique le vit, il s'enfuit, et le monsieur courait après lui en criant :

– J'enrage ! J'enrage !

Ses domestiques le saisirent et il leur dit :

– Mais ce n'est pas moi qu'il fallait arrêter, mais mon cuisinier.

– Ah ! notre maître, vous criiez : "J'enrage, et nous croyions que vous enragiez."

Recueilli en Haute-Bretagne, en 1881.

(1) Ancien français *druge* : plaisanterie, bagatelle. En Ille-et-Vilaine, *druger* veut dire : jouer, s'amuser et lutter (!) ; la *drugette* est le lit des jeunes mariés.

Les jongleurs et rimailleurs de fabliaux ont fondé cette tradition de pseudonymes cocasses dont leurs *pautoniers* (bons-à-rien) et *bodeors* (abuseurs) s'affublaient. De Douin de Lavesne : "Comment avez-vous nom ? Dame, je m'apelle Couillebaude (couillegaie)…" Notre anonyme collecteur de contes signale une autre version de cette farce qui ne nous est pas parvenue en son entier et dans laquelle le domestique dit à son maître qu'il se nomme "Attrape-mes-couilles-par-derrière" ce qui donne lieu aussi à une douloureuse équivoque finale.

Comme vous

Un bourgeois rencontra un jeune garçon à la mine éveillée, et il lui demanda s'il voulait entrer à son service :

– Volontiers, monsieur, dit-il.

– Comment t'appelles-tu ?

– Comme vous voyez.

– C'est bien, va au logis, présente-toi de ma part et on te dira ce qu'il y a à faire.

Le garçon dit à la cuisinière qu'il se nommait Le Chat, au garçon qu'on l'appelait Moi-même, et quand la maîtresse de la maison lui demanda son nom :

– Embrasse-la, répondit-il.

– Va, dit la dame, te présenter à ma fille qui est dans sa chambre.

La demoiselle lui demanda son nom :

– La Goutte, répondit-il en l'embrassant.

– Maman, dit la jeune fille, La Goutte me tient.

– Allonge-toi, et te remue un peu.

Un moment après, elle cria :

– Embrasse-la ! pour appeler son serviteur.

– Vous voyez bien, mademoiselle, que je ne fais qu'obéir aux ordres de votre mère.

Et il continua à presser la fille de se laisser faire et elle se laissa baiser, croyant que sa mère le lui ordonnait. Quand il descendit à la cuisine, et il y prit tout ce qu'il y avait de meilleur, et comme la cuisinière criait qu'on la volait :

– Qui est-ce ? dit sa maîtresse ?

– C'est Le Chat.

– Mets-le à la porte.

L'autre garçon en voyant le voleur s'enfuir, courut après, et l'atteignit sur le bord de l'étang ; mais le rusé compère le poussa si adroitement qu'il tomba à l'eau. Il se mit à pousser les hauts cris, et son maître arrivé au bruit lui demanda qui l'avait jeté là.

– Moi-même, répondit-il.

– Alors, restes-y.

Recueilli en Haute-Bretagne, en 1878.

Le Mahi-Maha

Il y avait une fois dans une ville capitale un homme qui était orfèvre de son état. Comme il avait la réputation d'être habile et de pouvoir faire tout ce qu'il voulait, le roi le fit un jour appeler et lui dit :

— Orfèvre, il faut que tu me fasses un Mahi-Maha.

— Comment voulez-vous que je le puisse ? Je ne sais ce que c'est.

— Arrange-toi comme tu voudras, dit le roi ; si d'ici un mois je n'ai pas le Mahi-Maha, je te fais chasser de mon royaume et je publierai partout que tu ne sais pas ton métier.

L'orfèvre rentra à la maison bien affligé, et il dit à sa femme :

— Le roi m'a commandé un Mahi-Maha, et m'a menacé, si je ne pouvais le lui donner d'ici un mois, de me chasser de son royaume. Comme je ne sais ce qu'il me demande, je pense qu'il vaut mieux que j'aille m'établir ailleurs que d'être chassé à ma honte de ce pays-ci. Reste à garder la boutique, et quand j'aurai trouvé un bon établissement, je reviendrai te chercher.

Il se mit en route, et il marcha longtemps.

Un jour qu'il était fatigué, il fit la rencontre d'une Fête (1) qui lui dit :

– Où vas-tu comme cela, mon brave homme ?

– Je n'en sais rien je suis orfèvre, et je suis parti pour chercher un établissement.

– Tu parais bien lassé !

– Oui, car il y a longtemps que je marche ; mais ce qui me gêne le plus, c'est que j'ai soif, et que je ne trouve pas d'eau.

– Tiens, lui dit la Fête, voici une baguette ; tu en frapperas trois coups sur le premier rocher que tu trouveras, et par sa vertu, il en jaillira une fontaine. Voici de plus un verre d'argent pour boire dedans.

L'orfèvre frappa le premier rocher qu'il rencontra, et par la vertu de sa baguette, il en sortit une fontaine qui était claire comme on ne peut pas voir. Il emporta avec lui sa baguette, pour s'en servir pendant son voyage.

Il y avait bien du temps qu'il était parti de chez lui, quand il rencontra une autre Fête qui lui dit :

– Te voilà qui voyages, et ta femme se marie demain. Mais tu peux, par la vertu de la baguette que tu as, être rendu chez toi demain soir, et tu pourras punir ta femme si tu le désires. Sous quelle forme veux-tu rentrer chez toi ? En chien ou en chat ?

– En chat, répondit l'orfèvre, je serai plus libre de mes mouvements.

– Hé bien, que ce soit en chat, dit la fée.

(1) Une fée (du latin *fata*).

L'orfèvre arriva dans son pays, et le soir au moment où les nouveaux mariés allaient se coucher, il se cacha sous leur lit, et il était sous la forme d'un chat. Quand sa femme fut à moitié déshabillée, elle prit à la main son pot de chambre, et se mit dessus pour pisser. Aussitôt l'orfèvre dit :

– Par la vertu de ma baguette, attache là !

Aussitôt elle fut collée si dur qu'elle ne pouvait retirer sa main ni changer de position. Elle appela son nouveau mari à son secours, et il essaya de la décoller ; mais l'orfèvre dit encore :

– Par la vertu de ma baguette, attache là !

Et le nouveau marié resta les deux mains collées sur le pot. La femme se mit à crier au secours. Il vint des voisins et des amis en foule ; mais à mesure qu'ils s'approchaient du pot de chambre, ils y étaient collés par la baguette de l'orfèvre, et quand il n'y eut plus de place, ils restaient collés les uns aux autres. La chambre fut bientôt remplie. Il y en avait tout au long de l'escalier et jusque dans la rue. Alors l'orfèvre descendit et reprit sa forme naturelle.

– Voilà, dit-il, un commencement de Mahi-Maha ; je vais mener tout ce monde au roi et savoir s'il sera content.

Par la vertu de la baguette, tout ce monde fut contraint de le suivre, et le nouveau marié et sa femme étaient devant, elle assise, lui les mains collées sur le pot de chambre. Comme ils passaient par une plaine, un des hommes du cortège eut besoin de s'arrêter. Tous furent obligés de rester à la même place jusqu'à ce qu'il eût fini. Il prit une poignée d'herbe pour se torcher le cul ; mais sa main resta, par la vertu de la baguette, attachée à la poignée d'herbe. Il y avait là une vache qui pâturait ; dès qu'elle vit cette belle poignée d'herbe, elle accourut pour la manger ; mais lorsqu'elle l'eut dans la bouche, l'orfèvre dit :

– Par la vertu de ma baguette, attache là !

Et la vache fut réunie au cortège qui se remit en marche. Un peu plus loin, un taureau crut la vache en chaleur, et il grimpa dessus. Mais dès qu'il y fut, l'orfèvre dit :

– Par la vertu de ma baguette, attache là !

Ils se remirent en route, et comme ils passaient par l'aire d'une ferme, un homme qui était à chauffer son four voulut frapper le taureau avec sa patouille (2).

– Par la vertu de ma baguette, attache là ! dit l'orfèvre.

Le cortège arriva à la cour, et il dit au roi :

– Sire, voici le Mahi-Maha qui vous m'aviez demandé. Le trouvez-vous à votre goût ?

Le roi se mit à rire et il dit à l'orfèvre de lui demander ce qu'il voudrait. L'orfèvre se contenta de reprendre sa boutique, et il emmena sa femme qui put cesser de chevaucher son pot de chambre, et toux ceux qui étaient collés les uns aux autres cessèrent d'être attachés. Et moi quand je les vis débarrassés, je m'en revins.

Recueilli en Haute-Bretagne, en 1880.

(2) Terme de boulangerie : la patouille sert à enfourner les pâtons.

Les louis d'or

Il était une fois un homme et une femme qui avaient deux enfants. Ils n'étaient guère riches, et la femme n'était pas des plus fines.

Un jour l'homme alla travailler aux champs, et en remuant la terre avec sa bêche, il trouva deux boîtes remplies de pièces d'or. Il les emporta à la maison, et les donna à sa femme sans lui dire ce que c'était, car il savait qu'elle aurait été le conter partout ; puis il retourna à son ouvrage. La femme qui ne connaissait pas l'or, prit une poignée de louis et les donna aux enfants pour s'amuser. Ils les portèrent sur la grand-route, et pendant qu'ils jouaient avec, un grand monsieur passa, qui dit aux enfants :

– Vous avez là de jolis petits bébets (1).

– Oui, monsieur, répondirent-ils, et notre maman en a encore deux boîtées, dans son armoire.

Le monsieur se fit montrer où était la maison, puis il y entra et dit à la mère :

– Madame, ces enfants m'ont dit que vous aviez deux boîtes pleines de petits bébets comme ceux-là. Voulez-vous me les vendre ?

(1) Jetons.

– Oui, répondit-elle.

– Combien ?

– Dix francs, dit-elle à tout hasard.

Le monsieur donna les dix francs et se hâta de s'éloigner en emportant les louis d'or.

Quand l'homme revint des champs, sa femme lui dit toute joyeuse :

– Mon pauvre homme, je viens de faire une bonne journée. Tu sais bien les petites amusettes que tu avait apportées ? Hé bien ! je les ai vendues dix francs.

L'homme qui avait perdu sa fortune dit :

– Puisque tu es si folle, je veux divorcer ; je vais prendre un des enfants et tu garderas l'autre.

La pauvre femme prit sur son dos un des enfants et courut à la poursuite du monsieur qui venait de partir. Elle l'aperçut qui venait de passer une rivière et la poursuivit jusqu'à un village où ils couchèrent dans la même chambre. Le monsieur lui demanda comment elle s'appelait.

– Monsieur, répondit-elle, je me nomme Madame Je Chie, et mon petit garçon que voilà se nomme Monsieur J'ai Chié.

Le monsieur se coucha et Madame Je Chie aussi ; mais quand il fut bien endormi, elle se leva, prit les louis d'or que le monsieur avait mis sur la table dans un petit sac, et se remit aussitôt en route.

Quand le monsieur s'éveilla, il ne vit plus les louis, et comme la dame était partie, il pensa qu'elle les avait pris, et se mit à sa poursuite. En arrivant sur le bord de la rivière, il vit la femme qui montait la vallée de l'autre côté de l'eau. Il voulut traverser, mais la mer était haute, et il ne put passer. Il se mit à crier après la femme, et un homme vint lui demander ce qu'il avait :

– Ah ! répondit-il, c'est cette femme qui m'a pris mon or, et je ne peux passer la rivière.

– Si vous voulez monter sur mon dos, je connais le gué, et je vous passerai.

– Volontiers, répondit-il.

Il monta sur le dos du passeur, et quand il fut dans la rivière, il criait :

– Madame Je Chie ! Madame Je Chie !

– Ne chiez toujours pas sur moi, dit le passeur. Attendez un peu.

Le monsieur continuait de crier après la femme ; mais, comme elle ne répondait pas, il se mit à crier après le petit garçon :

– Monsieur J'ai Chié ! Monsieur J'ai Chié !

Le passeur, croyant que le monsieur avait fait comme il le disait, le jeta dans la rivière où il se noya. La femme revint à la maison, et dit à son mari :

– J'ai eu bien de la misère ; mais je rapporte les louis d'or.

Alors il se réconcilia avec elle, et ils vécurent très heureux.

Recueilli en Haute-Bretagne, en 1881.

Notre collecteur de contes donne aussi une variante, moins élaborée, de la même équivoque, qui était réputée jadis être très populaire "aux environs de Dinan". Le gué auquel il est fait allusion pourrait être celui du Guildo.

Le beurre à bon marché

Il y avait une fois un apothicaire qui avait un commis appelé Janvier, qui était rusé et subtil. Comme le beurre était cher, et que l'apothicaire s'en plaignait, Janvier dit à son maître :

– Laissez-moi faire, et je vous aurai du beurre qui ne vous coûtera guère.

Janvier alla au marché, et avec une grosse épingle, goûta à plusieurs mottes de beurre. Il finit par acheter celui que portait une vieille femme à laquelle il dit d'aller à la maison pour porter son béret et se faire payer. Il en acheta ensuite à une jeune fille, la plus jolie qui fût au marché, et lui dit pareillement de se rendre chez son maître. Il enferma la bonne femme dans un cellier, et la jeune fille dans une chambre. Il y avait des clients chez l'apothicaire, et ils entendaient la bonne femme crier :

– Donnez-moi ce que vous me devez !

– Tout à l'heure, ma brave femme, tout à l'heure vous serez servie, disait l'apothicaire.

– Qu'a-t-elle donc à crier ? disaient les clients.

– C'est une folle qu'on nous a donnée à soigner.

— Donnez-moi ce que vous me devez, répétait la bonne femme.

— Tout à l'heure, l'eau est à chauffer sur le feu.

Quand l'eau fut chaude, l'apothicaire arriva avec une belle seringue, et administra de force à la femme, cinq ou six clystères de suite. Puis il lui ouvrit la porte, et elle s'en alla sans demander son reste. En quittant la maison, elle vit à la fenêtre la jeune fille qui criait de son côté, et demandait à sortir.

— Saute par la fenêtre, ma fille, s'ils te font comme à moi les crottes que tu feras demain ne seront pas dures.

L'apothicaire monta à la chambre où était la fille qui lui dit :

— Pourquoi m'avez-vous enfermée comme cela ?

— Je n'ai pas pu faire autrement, car ma maison était pleine de monde.

Et il lui voulut aussi administrer un clystère ; mais la fille demanda pour toute grâce la permission de s'en aller, ce qu'elle fit sans réclamer le prix de son beurre.

Recueilli en Haute-Bretagne, en 1879.

La fille attrapée

Il y avait une fois une fille qui était riche. Elle avait tant de bons amis qu'elle ne savait lequel prendre pour époux. Son père lui dit :

– Écoute, ma fille, celui qui te mettra à bout de conter (1) en trois paroles, celui-là tu le prendras.

On fit publier cela dans le pays, et de tous côtés, il vint des amoureux au jour fixé. Il y en avait des pauvres, des riches, et même quelques-uns étaient plus riches qu'elle. Ils étaient assemblés dans une grande cour, et pendant qu'ils étaient tous ensemble, il y en eut un qui fut pris d'un besoin pressant, et qui ne savait comment le satisfaire.

Il avait un bonnet sur la tête, et les autres lui dirent :

– Mets-toi dans un coin et fais dans ton bonnet, puis tu le porteras sous ton bras et personne ne s'apercevra de rien.

Il suivit le conseil des autres.

(1) Mettre quelqu'un "à bout de conter" : réussir à le faire taire.

Tous les amoureux pendant ce temps passaient devant la fille, et aucun ne put la mettre à bout de conter en trois paroles. Il ne restait plus que le gars au bonnet, et elle se disait : "Il n'y a plus que cet innocent-là. Je vais me débarrasser facilement de lui."

Quand il fut devant elle, il lui dit :

– Bonjour, ma vilaine belle demoiselle.

– Bonjour, mon vilain beau monsieur.

– Vous êtes bien rouge ?

– Cela ne m'étonne pas, j'ai le feu au cul.

– Voulons me kaire (2) deux œufs (3) ?

– De la merde, mon foutu sot !

– Tenez, n'en v'là, tout plein mon bonnet !

La fille resta à bout de conter, et elle épousa l'innocent.

Recueilli en Ille-et-Vilaine

※◆◇◆※

(2) Cuire

(3) Il s'agit, bien sûr, de ces *oes* des fabliaux (les "roustons" de l'argot moderne) qui ne cuisent que sur un certain feu dont la belle a su préciser où elle le tient ("J'ai le feu au cul").

Le cocu en Enfer

Il y avait une fois un bonhomme et une bonne femme qui se disputaient. La bonne femme à bout de raisons, s'écria :

– Où es-tu donc, le Diable, que tu ne viens point enlever ce cocu-là ?

Le diable arriva aussitôt, mit le bonhomme dans un sac et le chargea sur son dos. Comme il passait près d'un doué (1) où des lavandières se disputaient, il pensa en lui-même : "Les voilà bien attaînées (2), si je pouvais les faire se battre."

Pour être à l'aise, il déposa le sac dans un creux de fossé, et alla au doué.

Pendant que le diable était éloigné, le bonhomme dit à quelqu'un qui passait par là :

– Ah ! par pitié, tirez-moi du sac où le diable m'a mis pour m'emporter !

Le passant ouvrit le sac, et pour que le sac n'eût pas l'air vide, il enferma dedans un gros chien. Le diable

(1) *Doué* ou *douet* : un lavoir.
(2) Excitées, de l'ancien français *aticier* (attiser, exciter, provoquer). Bas latin *attitiare*.

n'ayant pas réussi à faire les lavandières se battre, reprit son sac, et ne tarda pas à arriver en enfer. Les autres démons se pressèrent autour de lui, en lui demandant s'il avait fait une bonne journée :

– Ma foi, répondit-il, je suis passé auprès d'un mari et d'une femme qui se disputaient. La bonne femme m'a dit de prendre un cocu, et je l'ai dans mon sac.

Les diables étaient très curieux de le voir, et ils se pressèrent autour du sac pour regarder ce qui en sortirait. Quand il fut ouvert, le chien s'élança hors du sac, et se mit à mordre les diables qui fuyaient de tous côtés en criant :

– Ne rapportez plus jamais de cocus en enfer !

Et je pense qu'il n'en est point retourné depuis (3).

Recueilli en Haute-Bretagne, en 1880.

(3) L'opinion de ce conteur mérite d'être nuancée car la tradition atteste d'autre part :

> Cocu qui sait l'être
> Va malgré tout au ciel ;
> Cocu qui l'ignore
> N'a point de paradis à attendre.

> *Dogan a goar*
> *A ya rag enep d'ar c'hloar ;*
> *Dogan ha na oar ket*
> *N'hen euz baradoz ebet.*

(*Proverbes et dictons des Bretons*, Éditions du Félin, 1994).

L'évêque et le recteur

Au temps jadis, le recteur de Saint-Rémy qui n'était pas des plus riches, allait après sa messe couper de la bruyère pour la litière de sa vache. Un jour qu'il y était, le grand vicaire du diocèse qui faisait sa tournée, entra au presbytère :

— Bonjour, dit-il à la servante : où est le recteur ?

— À couper de la bruyère pour notre vache, sauf votre respect.

Le grand vicaire visita les appartements, et ne voyant qu'un lit, il dit :

— Où couche le recteur ?

— Je vais me coucher la première. Un peu après, il vient se coucher près de moi, et je le réveille au matin.

Deux ou trois jours après, arrive au recteur un ordre d'aller à l'évêché :

— N'est-il point passé quelqu'un par ici ? demanda-t-il à sa servante.

— Si, il est venu un gros monsieur prêtre qu'avait bien bonne mine. Il m'a demandé pourquoi il n'y avait ici qu'un lit, et je lui ai raconté que je me couchais la première et qu'ensuite vous veniez à côté de moi.

Le recteur se mit en route pour l'évêché, bien penaud. Au moment où il allait entrer chez l'évêque, il rencontra un autre grand vicaire qui avait été au séminaire avec lui, et qui lui dit :

– Ton affaire n'est pas bonne : l'autre grand vicaire a été l'autre jour en tournée dans ta paroisse, et il n'a vu qu'un lit chez toi.

– Comment faire pour me tirer de là ?

– Ma foi, répondit-il, l'évêque est encore couché, et sa grande cuisinière est auprès de lui dans son lit. Tâche de trouver moyen de la faire parler.

– Comment ?

– Dis-lui que ta servante fait bien des compliments à sa dame.

Le recteur arrive dans la chambre de l'évêque qui lui dit :

– Mon pauvre recteur, on m'a dit que vous aviez une femme qui couchait avec vous.

– Oui, monseigneur, répondit-il, elle fait bien des compliments à la vôtre.

– D'où me connaît-elle, cette putain-là ? cria une voix qui venait du fond du lit.

L'évêque renvoya le recteur, et ne lui parla plus de sa servante.

Recueilli en Haute-Bretagne, en 1880.

La redevance

Il était une fois un fermier qui alla pour louer une métairie. Le bourgeois la lui afferma moyennant cent écus et la moitié d'un pet, le tout payable à la Saint Michel de chaque année (1).

Au bout d'un an le fermier vint chez son bourgeois qu'il l'invita à dîner à sa table. Le fermier mangea de son mieux, puis il passa au salon pour régler ses affaires avec son bourgeois. Il lui compta les cent écus, puis il demanda une quittance. Le maître fit donner l'argent, puis il dit :

– L'argent est de poids ; mais vous me devez encore quelque chose.

– Quoi, notre maître ? Est-ce que je ne viens pas de vous bailler cent écus ?

– Si, mais vous me devez la moitié d'un pet.

Le fermier qui avait bien dîné ne se fit pas prier, et desserrant les fesses, il fit entendre un tel pet que les vitres en tremblèrent.

(1) C'est à la Saint-Michel, le 29 septembre, que se payaient autrefois les fermages.

– Oh ! oh ! dit le bourgeois ; il est trop gros celui-là.

Le fermier s'y prit cette fois avec plus de douceur, et il fit un pet de bonne sœur, si faible qu'on l'entendit à peine.

– Celui-ci est trop petit, dit le bourgeois, ce n'est pas même un quart de pet.

Le fermier essaya encore plusieurs fois, mais ses pets étaient, ou comme des coups de tonnerre ou comme des soupirs. Son maître lui dit :

– Mon pauvre homme, vous n'y arriverez pas aujourd'hui ; je vous fais crédit jusqu'à demain.

Le fermier revint chez lui, et il dit à sa femme :

– Je viens de payer notre maître ; mais je lui redois encore quelque chose.

– Est-ce que tu ne lui avais pas porté cent écus ?

– Si, et je les lui ai payés ; mais je lui dois de plus la moitié d'un pet. J'ai bien essayé de m'acquitter de cette redevance ; mais tous ceux que je faisais étaient ou trop gros ou trop petits, et il m'a fait crédit jusqu'à demain.

– J'irai avec toi, dit la femme, et je parie bien que je finirai de le payer. Le lendemain elle accompagna son mari chez maître. Il les invita tous deux à dîner, et la fermière mangea de son mieux.

À la fin du repas, elle lui dit :

– Comment, notre maître, est-ce que nous vous sommes encore redevables ?

– Oui, vous me devez la moitié d'un pet.

– Hé bien, dit-elle, en retroussant son cotillon, fourrez votre couteau dans mon cul.

Le bourgeois fit ce que lui recommandait la fermière qui ajouta :

– Maintenant, écoutez bien.

Elle lâcha un pet, puis elle dit à son maître :

– Vous avez été à même de choisir : je vous ai servi un pet que votre couteau a coupé en deux, et vous avez pu prendre la moitié qui vous convenait le mieux.

Le bourgeois vit que la fermière était une fine mouche ; il lui donna quittance, et depuis il ne demanda plus que le paiement des cent écus.

Recueilli en Haute-Bretagne, en 1881.

Soit qu'elles visent à ridiculiser un seigneur, à consommer un adultère à bon compte, ou encore à abuser d'une jeune fille, les clauses scatologiques et érotiques ne sont pas rares dans les fabliaux. La chèvre de Trubert est ainsi estimée, pour le duc, "quatre poils du cul et cuinc sous", et "un foutre et cinq sous de deniers", pour la duchesse. Persuadée que son larron sera "redescendu aussitôt que monté", la duchesse s'exécute ; le duc aussi consentira à se laisser arracher un poil de cul... Dans un fabliau de Garin, le "foutre" est l'unité de compte exigée par un valet pour céder à une belle une grue qu'il a chassée. Quand la damoiselle s'enquiert du prix, le valet lui répond : "Dame, por un foutre soit vostre ! la jeune fille est désolée car elle n'a "nul foutre pour changier". "C'est impossible !" répond le rusé chasseur. Et elle : "Jeune homme, monte ici et cherche partout, en haut et en bas, sous le banc, sous le lit," cherche partout où tu voudras. Si "foutre ia, tu le verras." Le valet cherche partout pour conclure qu'il doit se trouver sous la pelisse de la belle. Il l'embrasse, la couche sur le lit, ôte la pelisse, soulève la chemise, lève les jambes, trouve le con et "lo vit i bote roidement." Moralité : la demoiselle a payé sa "grue" : heureux de sa "besoingne," "li valet la lui doigne" (Cele qui fut foutue et desfoutue por une Grue, vv. 53 à 89, *Fabliaux érotiques*, L. G. E. 1994).

Le pet pris à la course

Il était une fois dans une ville un monsieur qui voulait se moquer d'un petit garçon.

– Cours-tu bien, petit gars ? lui demanda-t-il.

– Oui, monsieur.

– Hé bien, si tu m'apportes ce qui va sortir de mes culottes, je te donnerai cinq francs.

Le monsieur fit un gros pet et dit au petit gars.

– Cours après celui-là.

Le petit garçon se mit à courir de toutes ses forces et dix minutes après, il revint trouver le monsieur, et lui dit :

– Tendez votre chapeau, je vais vous le rendre, j'ai eu bien du mal à l'attraper.

En même temps, il péta, et le monsieur croyait que le pet du petit garçon était le sien qu'il lui apportait, lui donna les cent sous.

Recueilli en Haute-Bretagne, en 1880.

Le péché d'adultère

Il était une fois une fille qui alla à confesse, et, comme elle attendait son tour auprès du confessionnal, elle entendit sa voisine qui s'accusait d'avoir commis le péché d'adultère. Son confesseur lui en fit des reproches ; la jeune fille se confessa, puis elle se mit en route avec sa voisine pour retourner à son village. Chemin faisant, elle lui demanda ce que c'était que le péché d'adultère :

– C'est, lui répondit la voisine, de pisser entre la grand-messe et les vêpres.

– Ah ! mon Dieu, dit la jeune fille, moi qui l'ai commis tant de fois sans le savoir !

Quand la jeune fille retourna à confesse, elle s'accusa d'avoir commis le péché d'adultère.

– Vous avez eu tort, dit le confesseur ; mais il faut me promettre de ne pas le commettre de nouveau.

Elle le fit, bien résolue à tenir sa promesse ; mais un dimanche, au sortir de la grand-messe, elle se sentit tellement pressée, qu'elle fut obligée de pisser. Quand elle retourna à confesse, elle s'accusa encore d'avoir commis le péché d'adultère.

– Vous le commettez souvent, ce péché-là, mais dites-moi, qu'appelez-vous péché d'adultère ?

– C'est pisser entre la grand-messe et les vêpres.

– Hé bien, quand vous ne le commettrez que de cette manière-là, il n'y aura pas grand mal. Commettez-le tant que vous voudrez et que ce soit votre plus grand péché.

La jeune fille s'en retourna bien contente, et dit à sa voisine :

– Vous m'avez trompé : ce n'était pas un péché de pisser entre la grand-messe et les vêpres.

Recueilli en Haute-Bretagne, en 1881.

La bonne femme et son drôle

Il y avait une fois une bonne femme qui allait à confesse. Comme elle passait par la route, elle vit un chasseur qui ajustait un lièvre. Le lièvre fut atteint, et, ayant fait deux ou trois bonds, il tomba mort sur la route à côté de la bonne femme. Celle-ci ramassa le lièvre et le mit sous son cotillon, entre sa jupe et sa chemise. Au moment où elle finissait de l'attacher, le chasseur arriva tout essoufflé et lui dit :

– Vous n'avez pas un lièvre ?

– Non, répondit-elle, mais j'ai sous mon cotillon un drôle qui a le poil tout gris.

– Je n'en veux pas de ton drôle, vieille salope, va-t'en au diable avec lui.

La bonne femme continua sa route, et arriva à l'église. Quand elle fut dans le confessionnal, elle dit à son confesseur :

– Monsieur le recteur, j'ai sous mon cotillon un drôle qui a le poil tout gris.

– Retirez-vous, insolente, répondit le recteur.

La bonne femme en sortant de l'église rencontra le vicaire, et lui dit :

– Monsieur le vicaire, j'ai sous mon cotillon un drôle qui a le poil tout gris.

– Faites-le voir, répondit-il.

Elle lui montra la tête du lièvre et le vicaire lui dit :

– Chit ! Chit ! allez m'attendre dans la sacristie.

La bonne femme y alla, et donna le lièvre au vicaire qui le lui paya comme il faut.

Quand les deux prêtres furent à table, le recteur dit :

– Il m'est venu ce matin à confesse une bonne femme qui a dit qu'elle avait sous son cotillon un drôle qui avait le poil tout gris. Je l'ai mise à la porte, comme bien vous pensez.

– Et moi, monsieur le recteur, j'ai tâté le poil de son drôle.

– Ah ! monsieur le vicaire, ceci est un cas de conscience.

– Ce n'est pas ce que vous croyez, et je vous en ferai manger.

– Par exemple ! s'écria le recteur.

Mais le vicaire sortit, et montra le lièvre au recteur qui se gratta l'oreille et dit :

– Ah ! si j'avais su !

Quand la bonne femme fut de retour à son village, elle raconta à ses commères ce qu'elle avait fait, et l'une d'elles alla trouver le recteur comme il sortait de la sacristie, et elle lui dit :

– Monsieur le Recteur, je vous ai envoyé un lièvre ce matin.

– C'est bon, répondit-il, voici pour vous.

Et il lui donna une pièce de quarante sous. Quand le recteur fut de retour au presbytère, il demanda à sa servante où était le lièvre de la bonne femme. Mais la servante jura ses grands dieux que personne n'avait apporté de lièvre. Le dimanche d'après, il vit la bonne femme qui l'avait dupé, et lui dit :

– Ah ! bonne femme, vous m'avez trompé ; je n'ai pas vu votre lièvre.

– Ma foi, monsieur le recteur, ce n'est pas de ma faute, j'avais rencontré ce lièvre sur la lande et je lui avais dit d'aller chez vous ; s'il ne l'a pas fait, je n'y suis pour rien.

Recueilli en Haute-Bretagne, en 1882.

Propos équivoques

I

Il y avait une fois une fille qui alla à confesse, et elle dit à son prêtre :

– Mon père, je m'accuse de trois péchés, j'ai tué ma mère, empoisonné mon père et livré mon corps aux garçons.

– Ah ! ma fille, depuis vingt ans que je confesse, jamais je n'avais entendu d'aussi grands péchés. Comment, à votre âge, avez-vous pu les commettre ?

– Ma mère est morte en couches, et c'est ainsi que je l'ai tuée ; j'ai pété au nez de mon père, et je l'ai empoisonné ; et un jour que j'étais à jouer avec des garçons et qu'ils me tenaient par le corps (1) je le leur ai laissé aller pour qu'ils ne continuent pas à druger (2) avec moi.

❦

(1) Corsage.
(2) Ancien français *druge* : plaisanterie, bagatelle. En Ille-et-Vilaine, *druger* veut dire : jouer, s'amuser et lutter (!) ; la *drugette* est le lit des jeunes mariés.

II

Il y avait une fois une fille qui alla à confesse et elle dit à son prêtre :

– Mon père, je m'accuse d'avoir berquigné avec les garçons.

– Berquigné ! Qu'est-ce que c'est ?

– Je me suis laissé enfiler par eux.

– Ah ! ma fille, c'est un grand péché.

– Pas si grand que vous croyez. Venez dans la sacristie, et je vous montrerai comment cela se fait.

Le prêtre y alla. La fille se mit courbée à terre comme on fait quand on joue à saute-mouton, puis elle dit au prêtre :

– Retroussez votre soutane et sautez par dessus-moi : c'est ce qu'on appelle enfiler

Haute-Bretagne.

Le recteur en mal d'enfant

Il y avait une fois dans une petite paroisse de Bretagne un recteur qui vivait avec sa servante dans un presbytère qui n'était ni grand ni cossu. Comme il n'avait pas le moyen d'avoir une horloge et qu'en ce temps-là les almanachs coûtaient cher, il comptait les jours à sa manière. Il avait une poule qui tous les jours lui pondait un œuf, et quand il y en avait six dans le nid, le recteur savait que le lendemain il devait dire sa messe du dimanche.

Il fut longtemps sans se tromper ; mais un jour le diable tenta sa servante, et elle supa (1) un des œufs.

Le samedi, le recteur alla au nid de sa poule pour savoir à quel jour il était, et comme il n'y trouva que cinq œufs, il se dit :

– Bon ! c'est aujourd'hui vendredi. Dimanche n'arrivera qu'après-demain, et j'ai le temps de raccommoder mes pauvres souliers, qui en ont grand besoin.

Le lendemain de bonne heure, le recteur, qui avant d'être prêtre avait appris l'état de cordonnier, prit sur

_____

(1) goba.

ses genoux son soulier le plus malade, et se mit à tirer le ligneul (2), bien tranquillement, pensant avoir toute sa journée devant lui. Cependant ses paroissiens étaient arrivés à l'église à l'heure de la grand-messe. Mais la cloche ne sonnait point, et il n'y avait point de prêtre à l'autel. Après avoir attendu un bon bout de temps, ils s'impatientèrent, et l'un des fabriciens (3) fut envoyé au presbytère pour savoir si par hasard Monsieur le Recteur ne serait pas malade. Il le vit qui tirait tranquillement le ligneul en sifflant un air d'église

— Bonjour, monsieur le recteur, lui dit-il ; est-ce que vous ne voulez pas dire la grand-messe ?

— Mais si, répondit-il, je la chanterai demain comme d'habitude.

— Demain ! mais c'est aujourd'hui dimanche, à preuve que tous vos paroissiens sont dans l'église à vous attendre.

— En vérité ! Je croyais être au samedi. C'est ma coquine de poule qui m'a trompé. Je vais la faire tuer.

Il remit vivement le soulier qu'il était en train de raccommoder, sans prendre garde à un long bout de ligneul qui traînait après, et il se rendit en tout hâte à la sacristie où il se revêtit des ornements sacerdotaux.

---

(2) Lignel, lignoel (du latin populaire *lineolum*) : fil enduit de poix pour le cordonnier.

(3) La "fabrique" était au XIIIᵉ siècle, une construction religieuse (de fabre, le forgeron). Le fabricien est un notable, membre du conseil de paroisse. Une expression volontairement emphatique quand on se souvient que le presbytère de la "petite paroisse" n'était "ni grand ni cossu".

La messe commença, mais en faisant autour de l'église la promenade de l'*Asperges me*, le bout de ligneul qui traînait par terre se prit dans les sabots d'une bonne femme, et le pauvre recteur tomba à faix-mort sur le pavé de l'église, entraînant la bonne femme dans sa chute. Comme il avait le ventre gros, il se fit grand mal et fut obligé de se mettre au lit. Il envoya chercher les médecins, mais ils avaient beau lui donner des remèdes, son ventre le faisait toujours souffrir, et il ne trouvait aucun soulagement. Il entendit parler d'un médecin qui rien qu'à voir l'iris des gens, connaissait tout de suite leurs maladies. Il remplit de son eau une bouteille et la donna à sa servante qui se nommait Chonnne, ou si vous aimez mieux Françoise.

– Écoute, Chonne, tu vas aller porter cette bouteille au médecin des eaux. Il demeure loin d'ici, et tu ne pourrais t'y rendre en une journée ; mais je connais sur la route une maison de bien braves gens. Tu iras les voir de ma part, et tu leur demanderas à coucher.

La servante se mit en route, et au soir elle arriva à la maison que monsieur le recteur lui avait indiquée. Les gens la reçurent de leur mieux, et elle leur dit pourquoi elle s'était mise en voyage. La dame du logis était mariée depuis cinq ans ; mais elle n'avait point d'enfant, et pourtant son plus grand bonheur aurait été d'en avoir un. Comme depuis quelque temps, elle se sentait mal à l'aise, elle pensa que le médecin pourrait lui dire si oui ou non elle était grosse. Elle se leva doucement pendant la nuit, et ayant vidé la bouteille qui contenait "les eaux" du recteur, elle la remplit avec son

urine, et la mit à la place où elle l'avait prise. Le lendemain quand la servante se remit en route, elle lui dit :

– Ne manquez pas surtout de repasser par ici afin
que nous sachions quelle maladie a monsieur le recteur.

Cependant Chonne arriva au médecin des eaux. Il
examina la bouteille et dit :

– Le cas n'est pas bien grave. Votre malade accou-
chera aussitôt.

En entendant ces mots, la servante faillit tomber de
son haut ; elle s'en revint toute triste, et en passant elle
entra chez la jeune femme.

– Hé bien ! lui demanda celle-ci, quelle est la maladie de monsieur le recteur ?

– Ah ! répondit-elle, je n'ose pas vous le dire. Non,
jamais je n'aurais cru une chose pareille. Le médecin a
regardé les eaux, et il a dit que monsieur le recteur
accoucherait d'un garçon.

La dame fut bien contente. Toutefois elle consola
de son mieux la servante. Celle-ci se remit en route, et
elle finit par arriver au presbytère, plus triste que si elle
venait d'enterrer sa mère.

– Hé bien ! Chonne, lui demanda le Recteur,
qu'est-ce que le médecin t'a dit ?

– Ah ! monsieur, répondit-elle, jamais je n'oserai
vous le répéter.

– Que je demeure ou que je vive, dit le prêtre, je
veux le savoir et je te commande de parler.

– Mon pauvre monsieur le recteur, le médecin a
regardé la bouteille que je lui portais, et a dit que vous
alliez avoir un enfant. Ciel adorable ! Est-ce possible ?

– Ah ! s'écria le recteur, c'est la faute de la malheu-
reuse femme sur laquelle je suis tombé à l'*Asperges
me*, quand je me suis pris le pied dans mon ligneul !
Jamais je n'aspergerai plus.

Depuis ce temps, loin de se guérir, le recteur ne faisait qu'empirer, et il lui semblait que son ventre grossissait à vue d'œil. Il fut obligé de demander à son évêque
un autre prêtre pour l'aider à remplir ses fonctions. Souvent ils allaient se promener dans les champs, et le
jeune prêtre réconfortait de son mieux le malade. Un
jour qu'ils étaient tous deux dans un verger, le recteur
se sentit pris d'une grande douleur au ventre, et en
même temps son besoin était si pressant qu'il n'eut que
le temps de relever sa soutane et de s'accroupir le long
d'une haie. L'opération fut longue et difficile, mais tout
à coup le recteur se soulagea copieusement (4) et juste
à ce moment il sentit un objet velu qui lui passait entre
les jambes et qui s'enfuyait si vite qu'il n'eut pas le
temps de voir ce que c'était. Or c'était un lièvre qui,
couché dans la haie, s'était réveillé au bruit que faisait le
recteur, et s'enfuyait à toutes jambes.

– Ah ! s'écria le recteur, mon enfant, reviens que je
te baptise ! Quel malheur, monsieur le vicaire, mon
enfant qui est parti sans baptême !

Le vicaire et lui faisaient de tels cris que les gens du
bourg se rassemblèrent pour savoir ce qu'il y avait :

– Ah ! répondit-il ; c'est un malheur sans pareil ! L'enfant de mes entrailles s'est enfui sans avoir été baptisé.

(4) "du cul li chiet la merde a grant foison…" Audigier, v. 412.

Il prit un si grand fond de chagrin qu'il mourut peu de temps après, et le vicaire resta triste jusqu'à la fin de ses jours

Recueilli en Haute-Bretagne, en 1881.

(Variante)

Un bonhomme dont la vache était malade se mit un jour en route pour aller consulter le devin. Sur son chemin il rencontra le curé qui lui dit :

– Où vas-tu ?

– Chez le devin, pour savoir de quoi notre vache, sauf votre respect, est malade.

– Ma foi, dit le curé, depuis quelque temps je ne me sens pas bien. Tu devrais lui demander aussi quelle est ma maladie. Attends, je vais te donner de mes eaux.

Le curé remplit une bouteille de son urine et la remit au bonhomme qui continua sa route et arriva à l'auberge, où, tout en mangent, il raconta son voyage à la servante. La fille prit la bouteille qui contenait "les eaux" du curé, et la remplit elle-même sans que le bonhomme s'en aperçût. Arrivé chez le devin, le paysan raconta d'abord la maladie de sa vache, puis il présenta la bouteille qui renfermait à ce qu'il croyait, l'urine du curé.

– Quelle est la maladie de cette personne ?

– Elle est enceinte, s'écria le devin après avoir regardé.

Le bonhomme fut bien un peu étonné. Toutefois comme il avait confiance dans le devin, il raconta mot pour mot au curé ce que "le médecin des eaux" lui avait dit. Le curé était un de ces vieux prêtres d'autrefois, bonnes pâtes assez crédules. Il avait confiance dans le devin, sans pouvoir toutefois s'imaginer comment il se trouvait dans la position qu'il avait dite. Cependant l'arrêt du devin lui trottait par la tête, et il se disait :

– C'est tout de même vrai que depuis quelque temps je grossis, je grossis, et j'éprouve dans les entrailles de violentes douleurs.

Un jour qu'il se promenait dans son verger en lisant son bréviaire, il se sentit pris de coliques si intenses qu'il fut obligé de s'arrêter dans un coin. Ses efforts furent longs et laborieux, la sueur lui découlait du front, et il se sentait prêt à rendre l'âme. À la fin, son supplice se termina et juste à cet instant il sentit quelque chose qui lui passait entre les jambes : c'était un lièvre qui venait de la plaine et qui se sauva vitement. Et le curé se releva et regarda. Mais au lieu d'apercevoir quelque chose auprès de lui, il vit un objet lointain qui fuyait, et qui déjà n'avait plus qu'une forme vague. Il crut, ainsi que le devin le lui avait dit, avoir accouché, et il s'écria :

– Enfant, reviens à ton père, attends au moins que je te baptise !

DEVINETTES, DICTONS ET FORMULETTES

DE HAUTE-BRETAGNE

Devinettes

I

a) Un grand monsieur qu'entère (entre) dans sa chambre
Avec sa grand' qualibrante,
Qui demande du tondu
Pour son pelu.
Et la journée d'un cu
Pour lu (lui).

⁂

b) Un monsieur qui monte dans sa chambre ; son tirli qui lui pend ; il demande du blanc d'entre les jambes et la journée d'un cu pour lui.

C'est un gendarme ; son tirli qui li pend, c'est son sabre, il demande du lait de vache qui est blanc, et la journée d'un cu, c'est-à-dire un œuf.

***

c) Bonjour, madame, avec vos grands virlidondaine.
– Permettez-moi de mettre mon Tonton Penard dans vot' touz' d'f'nard. Un peu d'eau pour le rafraî-chi', et un journée d'cu pour mon souper.

C'est un homme qui demande la permission de mettre son cheval dans un pré, et un œuf pour son souper.

***

d) Bonjour madame !
Voul'ous me permettre de mettre un grand tourli-pendart dans vot' touzé pénard ?
– Oui, mon brave homme, il est touzé péné, il n'y a pas longtemps.

C'est un homme qui demande à une femme la permission de mettre un cheval dans son pré, touzé, c'est-à-dire fauché depuis peu.

⚓

e) Un monsieur entre dans une maison, la quoue li branle, demande du blanc d'entre les caisses (cuisses), et une journée de cu.

C'est un homme qui entre dans une maison et demande du lait et un œuf.

Un homme s'en va dans une maison, i' va au let (lit), lève ça, fait ça, i' rabat ça et s'en va au sa' ? (soir)

Un médecin qui vient saigner une femme.

⚓

La femme se trousse,
Et l'homme qui pousse,
Et elle s'en vient :
Ah ! monsieur que vous me faites mal !
– Ne dites rien, madame, c'est dedans.

C'est une femme à qui un cordonnier apporte un soulier neuf.

II

a) Allons nous coucher pour la besogne que nous savons bien, peillu (poilu) sur peillu, et cacher notre petit cu tout nu.

Aller dormir.

❧❧❧

b) Allez vous coucher vous serez bien,
Vous mettrez barbu contre barbu
Vous jouerez un petit jeu que vous savez bien ;
Et vous enfermerez le petit saint tout nu.

En allant vous coucher vous serez bien, vous jouerez le petit jeu de dormir ; vous mettrez barbu contre barbu ; c'est-à-dire petit saint tout nu qu'on enferme, c'est le christ (globe) de l'œil.

❧❧❧

c) Poilu contre poilu
Qui couvre un p'tit bonhomme tout nu.

Les yeux.

III

Pertus cru (trou mouillé), morcé (morceau) cru.
Ventre à ventre et mène à cu.

C'est un fût de cidre.

J'accroupis mon bonhomme,
Et j'assis ma bonne femme,
Tout ce qui passe entre les jambes de
                                        mon bonhomme
Fait du bien à ma bonne femme.

Le trépied et la marmite.

Une main au cu
La pouche (poche) pleine
Et morceau cru.

Une femme allaitant son enfant.

La commère est sur le compère : ce qui sort d'entre les jambes du compère fait du bien au cu de la commère : ce qui est dans le ventre de la commère fait du bien au genre humain.

La commère, c'est la marmite ; le feu qui est entre les jambes du trépied, compère de la marmite, la fait bouillir et ce qui cuit dedans fait du bien au genre humain.

❧

Quand est-ce que la brebis est plus laineuse ?
Quand le bélier est dessus.

❧

Qu'est-ce qu'il y a de plus rare au monde ?

De la merde de pape.

❧

Formule initiale de conte de matelot

Quand les Terre-Neuvas sont dans l'entrepont, ils racontent souvent des contes, dont quelques-uns sont fort longs.

Voici le préambule qu'emploient les conteurs pour obtenir l'attention et le silence avant de commencer leur récit.

Le conteur. Cric !

Les auditeurs. Crac !

Le conteur. Sabot.

Les auditeurs. Cuiller à pot !

Le conteur. Soulier de Dieppe.

Les auditeurs. Marche avec.

Le conteur. Marche aujourd'hui, marche demain, à force de marcher on fait beaucoup de chemin. Pourvu qu'on ne tombe pas le nez dans la poussière, on n'a pas besoin de se débarbouiller. Quand on tombe sur le dos, on ne se casse pas le nez.

Je traverse une forêt où il n'y avait pas de bois, je passe par un étang où il n'y avait pas de maison. Je tape à la porte, et madame me répond. Je lui demande ce qu'il y a à manger.

– Du bouilli.

– Comment, il n'y a jamais de rôti :

Trousse ta cotte.

Que je te bistoque

Avec ma carotte,

Si je te manque, je te casse la cuisse.

– Il a passé trois petis gringadiers (1), qui m'ont embrassée, et qui ne m'ont point payée.

– Par où sont-ils allés ?

– Par la rue saint Honoré.

Où's qu'il y plus d'putains que d'pavés.

Rencontre mes trois gringadiers qui se foutaient des petits pâtés chauds par la gueule :

– C'est donc vous, mes trois gringadiers, qui ez (avez) embrassé ma petite Fanchette et n' l'avez point payée ?

– Oui, c'est nous, et nous nous en foutons.

J'attrape mes trois gringadiers dans une poignée, je les colle sur la porte de paysans comme du papier mâché, j'arrive à dix-sept cents lieues où il fallait un homme et un caporal pour faire se lever le soleil à coups de trique et la lune à coups de perche.

Le silence étant obtenu, le Conteur commence :

– Il était une fois, par une bonne fois etc.

Lorsque le héros se trouve en présence d'un roi, le narrateur lui fait s'adresser ainsi au roi :

Bonjour, sire,

Que le trou du cu vous déchire,

(1) Coureurs.

Tant que votre majesté pétera,
Le trou de cu vous déchirera.

Formulette ou fragment de chanson

Les couilles de mon grand-père
Sont pendues au plancher.
Ma grand-mère
Est marrie de les voir à sécher.

Haute-Bretagne.

Dictons et proverbes

– Laisse-moi pousser, l'homme pousse toujours.
*Ce sont les filles qui dans les greniers ou dans les
champs adressent aux garçons ces paroles à
double sens.*
– Tout ce qui est fendu
N'est pas défendu.

– N'y a point de fourché sans fente.

Le fourché est l'endroit où se réunissent les cuisses.

<hr />

– Amer comme la merde du diable.

<hr />

– Il a les cuisses près du cu.
Il est mal à l'aise.

<hr />

– Les vênes (vesses) ne li restent point sous le cotillon.

C'est une personne active.

<hr />

– Un arbre qui ne fleurit plus ne peut plus rapporter.
Une femme qui n'a plus ses règles ne peut pas avoir d'enfants.

<hr />

Coutumes

Dans les greniers à foin ou à blé, une facétie habituelle aux garçons est de se déculotter et de montrer aux filles leur pinne. Celles-ci poussent de hauts cris, traitent les garçons de cochons et leur disent : "Cutez (cachez) cela, crassous (malpropre)."

Lorsque filles et garçons sont ensemble à fauder, c'est-à-dire à fouler le foin, il se bousculent, se chatouillent et luttent. Les garçons prennent les seins des filles et même leur mettent la main sur le ventre. Tant qu'ils opèrent par dessus les vêtements, les filles crient bien un peu ; mais elle ne se fâchent pas, car, dit-on "le dessus du sa' (sac)" c'est-à-dire ce qui se fait par dessus les vêtements, ne compte pas. Si un garçon essayait de fourrer sa main en dessus, il se ferait inévitablement calotter par toutes les filles.

Les paysans prétendent que chérir une femme, c'est-à-dire coïter, a la propriété de délasser ceux qui sont fatigués.

Un des rendez-vous favoris des garçons et des filles pour se chérir — c'est-à-dire coïter — c'est la soue (étable) aux cochons. Il est probable que l'odeur forte de la merde des vêtus de soie agit sur les sens des gens de campagne, comme les odeurs d'écurie et de lessive sur ceux des héros de l'école naturaliste.

Dictons et formulettes
de Basse-Bretagne

Retour à la santé

N'oun ket evit chomm mui da vervel.
Rak ma baz n' ra ken 'met sevel.

Je ne suis plus près de mourir,
Car mon bâton ne fait plus que se dresser.

Dictons

Or voez a pe ue meu.
Golla en alhue ag i reu.

Ebria mulier
Clavem cunni perdit (1).

(1) "La femme saoule perd la clef de son con."

Diesa tra a zo er bed,
C'hoari ur plac'h gant ul lost kouet.

La chose la plus malaisée qui soit au monde,
(C'est de) jouer d'une fille avec une queue tombée.

Tri zoull e deuz va mamm :
Toull ann tamm,
Toull ar bramm
Ha toull ann hibil kamm.

Trois trous a ma mère :
Le trou du morceau,
Le trou du pet
Et le trou de la cheville recourbée…

Wesk ! eme ar Fustek.
Pa voa trouv'het lost he gasek :
– N'euz drouk e-bet, eme he c'hrek.
Pa ne ket ho hini 'zo trouc'het.

Crac ! dit le Fustec,
Après avoir coupé la queue de sa jument :
– Point de mal n'y a, répondit sa femme,
Puisque ce n'est la vôtre qui est coupée.

L'amour au village

Gwechal, pa voan bihannik,
Me 'vouche da Annettik,
Ha brema, pa oun deut bras,
Et raon un hanter muioc'h c'hoas.

Me o vont da tol va boutou' kreiz ann ti,
Lammet er gwele davet-hi,
D'ober un elik da Zoue
Pe ur c'havalier d'ar roue.

Autrefois, quand j'étais tout petit,
Je becquetais la petite Annette,
Et, maintenant que je suis devenu grand,
Je le fais moitié plus encore.

Je vais jeter mes sabots au milieu de la maison
Et sauter dans le lit auprès d'elle,
Pour faire un petit ange à Dieu
Ou un cavalier au roi.

Devinette-Chanson

Ann I hant ann oac'h,
O Maria lonla,
Ann o Gant ar vreg.
Lan Lura...
Ar vreg a astenn,
O Maria Lonla,
Ann oac'h a blant,
Lan lura.

L'I (1) avec le mari,
O Maria lonla,
L'O avec la femme.
Lan lura...
La femme étend,
O Maria lonla.
Le mari enfonce,
Lan Lura.

***

Le chant du rossignol

Me 'zo bet, bet, bet, bet e park ai lueou ; me 'm euz
gwel't, gwel't, gwel't gwel't toull ar vatez a ioa du, du,
du, du, foutouillek, foutouillek.

---

(1) L'I c'est une pelle de boulanger, l'O un pain : la femme étend
le pain sur la pelle et le mari l'enfourne.

J'ai été, été, été dans le champ des veaux ; j'ai vu, vu, vu le trou de la servante qui était noir, noir, noir, frisé, frisé.

※

Critique des demandes en mariage rimées.

Au lieu de s'escrimer pendant deux heures pour ne rien dire, comme le font les discoureurs, ne serait-il pas plus simple d'aller droit au but et d'appeler les choses par leur nom ?

Me 'zo deut d'ho koalenn
Abalamour d'ho moudenn,
Ha c'houi 'zeuio d'am heul
Abalamour d'am peul.

Je suis venu vous le mander
À cause de votre motte.
Et vous vous déciderez à me suivre
À cause de mon pieu.

※

Propos de couturière à marier

Tanfoulrt ! biken marichal
Na foueto war va stall ;

Eur c'hemener martreze a vo,
Mar na sko ket, heon a vrocho.

Le diable m'emporte ! jamais marécha
Ne daubera sur ma marchandise ;
Un tailleur peut-être le fera,
S'il ne frappe pas, il embrochera.

BIBLIOGRAPHIE SOMMAIRE

BÉDIER, Joseph,
   *Les Fabliaux, études de littérature et d'histoire lit-
   téraire du Moyen Âge*, Paris, 1895.
CAMBY, Philippe,
   Proverbes et dictons des Bretons, Le Félin, Paris,
   1994.
*Fabliaux érotiques. Textes des jongleurs des XIIIᵉ et
XIVᵉ siècles* ; Édition critique, traduction, introduction
et notes par Luciano Rossi.
GREIMAS, Algirdas Julien,
   Dictionnaire de l'ancien français, Larousse, Paris,
   1979.
LORCIN, Marie-Thérèse,
   *Façons de sentir et de penser : les fabliaux fran-
   çais*, Champion, Paris, 1979.
LUZEL, François-Marie,
   Journal de route, Presses Universitaires de
   Rennes/Terre de Brume, 1994.
MONTAIGLON, A. de - RAYNAUD, G.,
   Recueil général et complet des fabliaux, Paris,
   1872/1890.

MUSCATINE, Charles,
   The old french fabliaux, New Haven, Yale University Press, 1986.
ORAIN, Adolphe,
   Glossaire du patois du département d'Ille-et-Vilaine, Maisonneuve, Paris, 1860 et Salmon, Janzé, 1980.
SÉBILLOT, Paul,
   Contes comiques des Bretons, Éditions Camby, Paris, 1982.

TABLE DES MATIÈRES

DEUXIÈME PARTIE
DICTONS, DEVINETTES ET FORMULETTES
DE HAUTE-BRETAGNE

TROISIÈME PARTIE
DICTONS ET FORMULETTES
DE BASSE-BRETAGNE

Ouvrages de Philippe Camby
chez d'autres éditeurs

Anthologie
Proverbes et dictons des Bretons
(Le Félin, 1994)

Entretien
Le signe d'une possession souveraine
Entretien avec Pierre Oster-Soussouev dans
Une machine à indiquer l'univers, Obsidiane, 1992

Essais
L'érotisme et le sacré
(Retz, 1977 et Albin Michel, 1989)
Les prénoms bretons
(Ouest France, 1977)
Les métiers du village
(Ouest France, 1978)
Les métiers de la mer
(Ouest France, 1978)
Ys et les villes englouties
(Ouest France, 1979)
Le Paradis et les peintres naïfs
(Vilo, 1983)
Metafisica del eros
(E.C.I.G., Gênes, 1994)

Poèmes
Les mémoires d'Orphée
(Awac, 1980)
Poèmes du Vent d'Ouest
(Artus, 1982)
Peine perdue
(Artus, 1982)
Petites recettes choisies pour restaurer le chaos
(à paraître)

Roman
En attendant le Dieu nouveau
(à paraître)

Achevé d'imprimer sur les presses des Impressions Dumas en mars 1996
pour le compte des Éditions Terre de Brume à Rennes.
N° d'imprimeur : 32789
Dépôt légal : mars 1996